DR. MED. ANNE FLECK

SCHLANK! GANZ EINFACH.

Doc Fleck

GOLDMANN

Salat mit Süßkartoffelwürfeln, schwarzen Bohnen und Frühlingszwiebeln auf Spinat

Vegane Kohlrabisuppe mit Mandelblättchen

Linsen-Kokos-Dal mit Karotte und Selle

Sellerie-Rösti mit Apfel-Meerrettich-Kompott

Riesengarnelen auf Erbsen-Zucchini-Püree

Bruschetta mit grünem Spargel

Gebratene Avocado auf Couscous

Omelette mit roter Paprika und Frühlingszwiebeln

Frühstücks-Hirse-Bowl

SCHLANK! GANZ EINFACH.

DR. MED. ANNE FLECK

Sofort loslegen mit den besten und einfachsten Rezepten aus 4 Bestsellern.

+ 30 neue Rezepte!

Food-Fotografie **Hubertus Schüler**
Rezepte **Bettina Matthaei und Su Vössing**

GOLDMANN

MIX
Papier | Fördert gute Waldnutzung
FSC® C147178

Penguin Random House Verlagsgruppe FSC® N001967

1. Auflage
Vollständige Taschenbuchausgabe September 2023

Umschlag: UNO Werbeagentur, München, nach einem Entwurf des Becker Joest Volk Verlags
Umschlagmotive: Hubertus Schüler
Text: Dr. med. Anne Fleck
Rezepte: Bettina Matthaei: S. 27, S. 31, S. 33, S. 35, S. 37, S. 41, S. 43, S. 45, S. 47, S. 49, S. 51, S. 53, S. 59, S. 61, S. 63, S. 65, S. 67, S. 69, S. 71, S. 73, S. 75, S. 79, S. 85, S. 87, S. 89, S. 91, S. 95, S. 97, S. 101, S. 103, S. 113, S. 115, S. 117, S. 121, S. 123, S. 125, S. 127, S. 129, S. 131, S. 133, S. 135, S. 137, S. 139, S. 141, S. 143, S. 145, S. 159, S. 161, S. 165 Su Vössing: S. 29, S. 55, S. 69, S. 81, S. 83, S. 93, S. 105, S. 107, S. 109, S. 111, S. 147, S. 149, S. 151, S. 153, S. 155, S. 157, S. 167, S. 169, S. 171, S. 173, S. 177, S. 179, S. 181
Food-Fotografie: Hubertus Schüler
Assistenz: Benedikt Obermeier
Foodstyling: Stefan Mungenast
Projektleitung: Johanna Hänichen
Nährwertberechnung: Philine Anastosopoulos
Koordination Fachlektorat: Valerie Mayer
Layout, Buchsatz: Dipl.-Des. Caroline Mohr nach der Konzeption von Dipl.-Des. Anne Krause
Lektorat: Doreen Köstler
Fachlektorat Rezepte: Şebnem Yavuz
Satz: Uhl + Massopust, Aalen
Druck und Bindung: Alcione, Trento
Printed in Italy
KW · SZ
ISBN 978-3-442-17990-9

www.goldmann-verlag.de

Inhalt

7 Hilfe zur Selbsthilfe mit der Doc Fleck Methode
10 Meine besten Rezepte
13 Warum gesünder essen? Weil man ist, was man isst!
15 Das Richtige zu tun, heißt auch, das Falsche wegzulassen
18 Das Besondere an diesem Buch – besonders einfach
20 Symptomerfassung nach der Doc Fleck Methode

REZEPTE

25 Frühstück – Gesunder Start in den Tag
39 Salate – Frischer Vitaminkick
57 Suppen – Warme und kalte Alleskönner
77 Fisch – Würzig-Leichtes aus dem Meer
99 Fleisch – Köstliche Genussmomente
119 Veggie – Einfach lecker: meine Gemüsekreationen
163 Snacks – Herzhaftes für zwischendurch
175 Drinks – Erfrischendes aus dem Glas

182 Rezeptregister
183 Zutatenregister
186 Das Team
188 Dank

Hilfe zur Selbsthilfe mit der Doc Fleck Methode

Wenn ich Menschen in meiner täglichen Praxis frage: »Was wünschen Sie sich am meisten?«, dann schimmert bei der Antwort ein Wunsch durch:

die Sehnsucht nach einem Leben in Gesundheit und mit Lebensqualität.

Das ist auch mein Ziel: mehr Gesundheit in einfachen, machbaren Schritten für alle Menschen – für Sie da draußen!

Gesundheit ist verletzlich. Gesundheit ist nicht selbstverständlich. Mit 20 fühlen sich die meisten von uns unsterblich, Zipperlein und Krankheiten sind einfach uncool. Schlagzeilen zu Symptomen blendet man aus. Dabei schlummern in jedem von uns von Geburt an Krankheitsgene, und schon im jungen Leben zirkulieren täglich mehrere Tausend Krebszellen durch den Körper, die Zellen des Immunsystems erfolgreich abservieren.

Je länger ich in meinem Arztberuf arbeite, umso mehr fasziniert mich das Wunderwerk unseres Körpers, vor allem die uns innewohnende unermüdliche Heilkraft, die oft unterschätzt wird. Denn die Lehre der Epigenetik zeigt uns einen versöhnlichen Ansatz: Wir sind unseren Genen nicht ausgeliefert. Wir alle können durch unseren Lebensstil vielen lästigen chronischen Krankheiten vorbeugen und manches Krankheitsgespenst vertreiben. Diese grandiose Erfahrung kann ich aus meiner jahrelangen Arbeit mit vielen Patienten nur bestätigen.

Für diejenigen unter Ihnen, die mich heute zum ersten Mal als Autorin zwischen die Finger kriegen: Seit vielen Jahren arbeite ich nach der von mir entwickelten ganzheitlichen Doc Fleck Methode, einer Symbiose von Diagnostik und Therapie der klassischen Medizin einerseits sowie innovativer Präventiv- und Ernährungsmedizin, Orthomolekular- und Stressmedizin und fundierten Naturheilverfahren andererseits.

Meine Methode hat aber nicht nur den Anspruch, modern und wissenschaftlich zu sein, sondern will jedem Menschen den individuellen Weg zur bestmöglichen Gesundheit und Vitalität ebnen.

Lassen Sie sich deshalb von diesem Buch aufrütteln und anstecken – zu gesundem

Genuss, der Ihren Körper erneuert und auf »gesund und schlank« programmiert.

Denn: Gesünder zu leben und eigenverantwortlich und beherzt die Gesundheit selbst in die Hand zu nehmen, wird künftig wichtiger denn je. Nicht wenige Epidemiologen mutmaßen, dass die Gesundheitssysteme der Zukunft vor den zeitgleich anflutenden Epidemien von Übergewicht, Diabetes mellitus, Demenz und Krebs, neuen Viren und sonstigen Störenfrieden kapitulieren.

Außerdem ist es befriedigender, sich auf die Gesundheit und Gesunderhaltung zu fokussieren, als sich auf das Ausbügeln von Krankheitssymptomen zu konzentrieren, wie es leider in der aktuellen Behandlungspraxis oft der Fall ist.

Doch wie und wo anfangen? Wie geht gesundes Leben?

Diese Frage fordert uns heraus. Überfordert von der Datenflut an Informationen und Tonnen jährlich erscheinender, heilsversprechender Diätbücher neuer »Experten«, schmeißen die meisten schon hin, bevor sie die überraschende Ernte eines neuen Körpergefühls gespürt haben.

Wie sagte der wunderbare Mark Twain einmal: »Mit dem Rauchen aufzuhören, ist kinderleicht. Ich habe es schon hundertmal geschafft.« Er bringt es knackig auf den Punkt, denn genau so scheint es vielen Menschen mit Veränderungen des Lebensstils und gesunder Ernährung im Alltag zu gehen.

Klar ist: Der Einstieg fällt vielen schwer. Deshalb bietet Ihnen dieses Buch Hilfe zur Selbsthilfe – mit einer Mixtur aus jahrelang bewährten Rezeptklassikern und neuen Rezeptideen nach dem neuesten Stand der Forschung.

Ausreden lasse ich ab dieser Zeile nicht mehr gelten.

Sie zweifeln immer noch an sich und Ihrer Umsetzungskraft?

Was macht dann der Gedanke mit Ihnen, dass sich Beschwerden und Krankheitssymptome durch genussvolles Essen verabschieden können? Wie ist das für Sie, endlich Ade zu sagen, etwa zu Kopfschmerzen, Migräne,

bleierner Müdigkeit, Schlafproblemen, Konzentrationsschwierigkeiten, Heißhunger, chronischem Husten, verstopfter oder triefender Nase, lästigen Allergien, Übergewicht, Reizdarm, Blähungen, Sodbrennen, Fettleber, Bluthochdruck, Atembeschwerden, Rosacea, Akne, Haarausfall, Depressionen, Reizbarkeit, Gelenkschmerzen, chronischen Entzündungen et cetera.

Wenn Sie sich durch dieses Buch einmal durchgekocht haben, kann sich Ihre Gesundheit neu entfalten. Versprochen!

Wenn Sie durch die deutliche Linderung von Beschwerden überrascht werden, wenn Sie neue Energie und Vitalität spüren, dann wollen Sie nicht mehr loslassen.

Betrachten Sie den Einstieg nicht wie eine Eintagsfliege, nicht wie ein Entweder-mache-ich-alles-perfekt-oder-ich-lasse-es-Bleiben, sondern wie eine entspannte Abenteuerreise. Hinfallen und Ausrutscher sind egal. Jeder neue Tag ist eine neue Chance, um wieder anzufangen. Aufstehen und weitermachen, sich ein ehrliches Motiv suchen, warum Sie ab heute besser für sich sorgen wollen. Nur das zählt.

Va bene?

So hoffe ich, dass diese bunte Rezeptsammlung für Sie das Eintrittsticket zu einer neuen Welt wird – mit Freude am Kochen und am Genuss. Und dass sie Gesundheit in Ihr Leben und das Ihrer Lieben bringt. Ich weiß, dass mein ganzheitlicher Ansatz schon vielen Menschen helfen konnte. Diese untrügliche und beruhigend schöne Gewissheit kann ich Ihnen an dieser Stelle mit einem virtuellen Schulterklopfer weitergeben.

Vieles in unserem kurzen Leben ist sehr ungewiss. Eines aber ist sicher: Der größte Reichtum im Leben ist Gesundheit. Davon wünsche ich Ihnen denkbar viel.

Machen Sie was draus!

Ihre
Dr. med. Anne Fleck

Meine besten Rezepte

Gesundheit beginnt im Kopf, im Herzen und im Kochtopf!

> Dabei gehören Genuss und Lässigkeit für mich perfekt zusammen. Dieses Buch soll Ihnen sogar besonders lässigen Genuss und den Startschuss in einen gesunden Alltag schenken. Mit so wenig Text und Regeln wie nur möglich! Es enthält ausgesuchte, ausgewogene Rezepte mit gesunden Mahlzeiten. Sie gehen leicht von der Hand und helfen Ihnen, nicht nur schlank, sondern auch gesund zu werden und zu bleiben. Vorteil: Sie können sofort loslegen.

Der Wunsch nach Einfachheit und Machbarkeit wird auch in meinem Alltag zwischen Praxis, Buchschreiben, TV-Drehs, Interviews, Seminaren und Privatleben zunehmend wichtiger. Albert Einstein wird zu diesem Thema mit einem klugen Satz zitiert: »Man muss die Dinge so einfach wie möglich machen. Aber nicht einfacher.« Auch da bin ich ganz bei ihm.

Auf dieses Buch angewendet, bedeutet das Prinzip, eine Rezeptauswahl zu haben, die sich bei Einkauf und Zubereitung einfach umsetzen lässt und eine fein ausgeklügelte, perfekte Nährstoffbilanz verspricht. Fertigpizza, Tütchen-Aufreißen oder Nudeln mit Tomatensoße mögen noch simpler sein. Sie werden Sie aber nicht über Ihre persönliche Ziellinie bringen, jedenfalls nicht, wenn Sie gesundheitliche Defizite haben, an chronischen Krankheiten oder Übergewicht leiden.

Jedes einzelne Rezept im Buch hilft, Ihre Mahlzeiten neu und gesund zu gestalten. Je mehr Mahlzeiten sich nach der Doc Fleck

»Man muss die Dinge so einfach wie möglich machen. Aber nicht einfacher.«

Albert Einstein

Methode zusammensetzen, umso mehr werden Sie spürbar bei Krankheiten von A wie Akne bis Z wie Zahnfleischbluten profitieren. Apropos: Mehr als drei Hauptmahlzeiten pro Tag sollten Sie meiden.

Wenn Ihr Gesundheitsziel ist, verantwortungsvoll und nachhaltig gesund abzunehmen, sollten Sie mindestens zwei Wochen lang nur Phase-1-Rezepte auswählen.

Zwischenmahlzeiten bitte weglassen. So wird der Blutzuckerreiz möglichst gering gehalten und Heißhungerattacken vorgebeugt. Trinken sollten Sie möglichst nur vor und nach dem Essen, weil das die Verdauungskraft verbessert. Optimal eignen sich Wasser, gern mit einem Schuss Zitrone oder mit Minzblättern aufgepeppt, Tee, schwarzer Kaffee, eventuell auch mit einem kleinen Schuss Sahne, wenn Sie Milchprodukte gut vertragen. Genascht werden sollte wenig. Als kleiner Notfallsnack eignen sich eine Handvoll Nüsse, Mandeln, Kerne, ein paar Oliven oder Apfelschnitze oder ein Stück dunkle Schokolade mit über 70 Prozent Kakaoanteil direkt nach der Hauptmahlzeit.

Im Anschluss daran können Sie nach und nach mit den Phase-2-Rezepten anfangen. Die Pfunde werden purzeln! Spielend können Sie in einem halben Jahr bis zu 20 Kilo abnehmen, wenn erforderlich.

Falls Sie zu der Gruppe der sogenannten TOFIs gehören, den »Thin Outside Fat Inside«-Menschen, den von mir liebevoll genannten »dünnen Dicken«, die wegen der schlanken Taille beneidet werden, aber wegen entzündlich veränderter Fettzellen ähnliche gesundheitliche Risiken haben wie der klassische Übergewichtige, wird Ihnen das Buch nicht weniger nutzen. Denn den niedriggradigen Entzündungen im Körper wird durch den darmgesunden und antientzündlichen Ernährungsansatz meiner Heilmethode sehr effektiv entgegengewirkt.

TIPP VON DOC FLECK

Essen Sie ein paar Wochen lang konsequent das, was ich in meinen Rezepten vorschlage (oder Bestandteile dieser Rezepte in ähnlichen Mengen). Aus meiner langjährigen Praxiserfahrung erreichen Sie damit mehr, als Sie für möglich halten. Ihr ganzer Organismus wird so peu à peu auf **»gesund« und »schlank« umprogrammiert.** Mit ausreichend Ballaststoffen, Mikro- und Makronährstoffen wie gesunden Fetten und der Reduktion von schnell verdaulichen Kohlenhydraten werden Ihre inneren und äußeren Fettpolster schwinden. Die sind nämlich nicht nur in der Bikinisaison lästig, sondern ständig hormonell aktiv und triggern die geheimen Krankmacher, entzündliche Prozesse im Körper. Entzündete Gelenke, Herzinfarkt, Schlaganfall, Diabetes, Demenz und Krebs können die gefürchteten Folgen sein. Durch die Entwöhnung von chemischen Beigaben wie Zucker, Süß- und Zusatzstoffe sanieren Sie zudem Ihren Darm, senken erhöhten Blutdruck und beugen unzähligen Erkrankungen vor. Der Rückgang chronischer Entzündungsprozesse und die regenerierte Darmflora werden viele positive Prozesse im Körper anschieben, sodass sich bereits nach wenigen Wochen lästige Beschwerden deutlich verringern und sich Ihr Körper in Richtung Idealgewicht bewegt. Nebenbei können Sie für die gesamte Familie durch die gesund und schlank machenden Mahlzeiten innovative Präventivmedizin auf dem Teller bieten.

»Ausreichend gesundes Fett« und »wenig Kohlenhydrate« verunsichern Sie? Dass gesunde Fette essenziell für die Gesundheit sind, ist seit vielen Jahren Stand der modernen Ernährungsforschung. Die derzeit weltweit größte Ernährungsstudie »PURE«, die das Ernährungsverhalten der Bevölkerung mit mehr als 138 000 Personen aus 21 Ländern im Schnitt 7,4 Jahre ausgewertet hat, kam auf ein zweifelsfreies Ergebnis: Die alten Fettarm-Ernährungsgrundsätze gehören auf den Komposthaufen der Geschichte.

Warum gesünder essen? Weil man ist, was man isst!

Dieses Buch hilft Ihnen, Nein zu sagen. Egal, ob zu viel, zu wenig, das Falsche oder ein paar Wochen ohne Nahrung: 2 bis 3 Liter Wasser am Tag scheinen zu genügen, um zu überleben. Alles unbewusst Verzehrte bleibt zunächst ohne Folgen, sieht man mal von ein paar Kilos auf den Hüften ab. Langfristig sieht das anders aus.

Wenn ich mich konsequent von Salamibroten ernähre, besteht mein Körper eines Tages nur noch aus den Bausteinen, die er aus diesen Broten verwenden oder selbst synthetisieren kann. Da hilft weder ein Alibi-Körnchen auf dem Brot noch das Gürkchen darauf. Hier fehlt die essenzielle Vielfalt.

Unzählige Prozesse im Körper werden – nachdem die Reserven an lebensnotwendigen Bausteinen verbraucht sind – langsam zum Erliegen kommen, mit schwer abschätzbaren Folgen. Versteckter Mikronährstoffmangel ist ein massiv unterschätztes Problem und leider wird er in der gängigen Behandlungspraxis viel zu selten aufgedeckt und zielführend ausbalanciert.

> Ziel dieses Buches ist nicht, im Kampf gegen eine Unterversorgung permanent den Mikronährstoff- oder Kalorienrechner zu bemühen, sondern entspanntes Genießen mit gutem Gewissen.

Deshalb sind meine Rezepte so berechnet, dass jeder mit drei Mahlzeiten pro Tag dem Körper optimale Nährstoffkombinationen liefert. Selbst mit nur zwei Mahlzeiten am Tag wird Ihnen das mühelos gelingen – regelmäßige Abwechslung bei der Auswahl der Lebensmittel vorausgesetzt.

Die häufigsten Probleme bereitet die Überversorgung mit minderwertigen, »leeren« Kalorien, die trotzdem noch mit mangelnder Versorgung mit essenziellen Mikro- und Makronährstoffen, den Bausteinen der Gesundheit, einhergehen kann. Die Folgen:

In diesem Buch gehe ich lieber gleich mit Sparschäler und Kochlöffel bewaffnet in die Küche.

Fettpolster, die sich gut sichtbar an den Hüften oder versteckt in Organen und Hohlräumen aufbauen. Sie schädigen den Körper auf vielfache Weise, verbunden mit Stoffwechselstörungen, die sich aus dem Mangel an Nährstoffen entwickeln. Deswegen ist es auf lange Sicht gleichermaßen wichtig, was man isst und was man besser nicht (so oft) isst.

ÜBERFLUSS SCHAFFT ÜBERDRUSS

Nichts kann Ihre Lebensqualität nachhaltig mehr stärken, als Ihren Körper von entzündlich veränderten Fettzellen zu befreien, ihn mit notwendigen Nährstoffen zu versorgen, ihm ausreichend Bewegung und erholsamen Schlaf zu gönnen. Praktisch alle Zivilisationskrankheiten haben hier ihre unerkannten Ursachen. Unzählige weitere, zum Teil schwere Erkrankungen wie Demenz, die die Wissenschaft inzwischen sogar Diabetes-»Typ III«-Erkrankung nennt, werden ebenfalls mit falscher Ernährung, Übergewicht, niedrigen Entzündungen und dem vermeintlich bequemen Leben als Couch-Potato in Verbindung gebracht.

Vor allem die Verdauung hilft bei alledem mit und beeinflusst unsere gesamte Gesundheit massiv. Die wissenschaftlichen Hintergründe habe ich in meinem Buch *Schlank und gesund mit der Doc Fleck Methode* ausführlich beschrieben.

Jedem, der mehr Hintergrundwissen zum Thema »Ganzheitliche Gesundheit« und zum neuesten Stand der Forschung für sich und seine Familie haben möchte, lege ich dieses Buch als eines meiner bisher wichtigsten Werke ans Herz.

In diesem Buch gehe ich lieber gleich mit Sparschäler und Kochlöffel bewaffnet in die Küche. Denn genau an diesem Tatort lässt sich nun mal mit einfachsten Mitteln unendlich viel für die Gesundheit tun. Der Verzicht auf Convenience Foods und auch auf einfache vorverarbeitete Lebensmittel ist schon die halbe Miete.

Das Richtige zu tun, heißt auch, das Falsche wegzulassen

Das Wichtigste zuerst: Schluss mit industriell verarbeitetem Essen!

Denn das enthält viele Dinge, deren Folgen im günstigsten Fall nur unerforscht sind. Einen gesundheitlichen Nutzen hat keiner davon. Allein mit diesem Vorsatz, nur natürliche, unverarbeitete Lebensmittel einzusetzen, würden Sie vermutlich schneller von selbst gesund und schlank. Allerdings brauchen wir auch einige wenige teilverarbeitete Produkte, denen dabei möglichst nichts Unnatürliches zugesetzt wurde. Hierbei handelt es sich beispielsweise um Nüsse, Kerne, Öle, Samen und Hülsenfrüchte.

Senf, Mayonnaise, Sojasoße, Nudeln oder Orangensaft dagegen sind industriell verarbeitete Produkte. Lassen Sie bitte möglichst viele Dinge weg, die nicht ausdrücklich gut für Sie sind. In gefrorenem Blattspinat zum Beispiel ist meist nur Spinat enthalten. Das ist gut. Bei Rotkohl aus dem Glas versucht man Ihnen aber schon, Zucker zu füttern, der Ihr Vorhaben, gesund und schlank zu werden, eher konterkariert. Damit Sie einfach loslegen können, sind meine Rezepte in diesem Buch, wann immer möglich, aus reinen Lebensmitteln hergestellt, die Ihren Körper unterstützen und ihn nicht belasten. Achten Sie beim Einkauf und in der Küche immer auf die kleingedruckten Informationen auf den Lebensmitteln, die Sie einsetzen.

Im Regal lassen sollten Sie alles, was Zucker, Zuckeraustauschstoffe (Süßstoffe), Emulgatoren (Bindemittel), Farbstoffe, Konservierungsmittel, Säuerungsmittel, Säuerungsregulatoren, Geschmacksverstärker oder Rieselhilfen enthält.

Unsere Großeltern sind noch sehr gut ohne diese chemischen »Verbesserer« zurechtgekommen. Für uns ist es nur eine kurze Umgewöhnung. Sie stellt sicher, dass auf diesem Weg keine störende Chemie in Ihren Zellen landet, wie zum Beispiel die E-Nummer E 407 (Carrageen), ein häufig anzutreffender Zusatzstoff, der Produkte »haltbar, fluffig und cremig macht« und laut Studien nachweislich chronische Darmentzündungen fördert. Also anfangs bitte Lupe raus beim Etikettencheck!

GEWOHNHEITEN ÄNDERN: JEDE MAHLZEIT ZÄHLT!

Jeder Mensch ist anders. Während der eine am liebsten einen harten Cut macht und ab morgen früh ein neues Leben anfängt, kommt der andere nur mit Beharrlichkeit zum Ziel. Wenn Sie zur zweiten Gruppe gehören und ein langfristiges Ziel erreichen wollen, beginnen Sie die Umsetzung lieber mit einem kleinen ersten Schritt und nicht mit einem Paukenschlag. Mit vielen kleinen Schritten kommt man auch zum Ziel.

TIPP VON DOC FLECK

Ab Seite 20 finden Sie meinen ganzheitlichen Fragebogen zur Gesundheit, der Ihre Symptome zielführend erfasst. Nehmen Sie sich die Zeit und füllen Sie ihn am Anfang und nach 30, 60 und 90 Tagen Ihrer ersten Ernährungsumstellung aus. Die Ergebnisse werden Sie verblüffen, positiv überraschen und natürlich auch motivieren.

HINWEIS

Da ein Teil der Rezepte in diesem Buch aus verschiedenen Anne-Fleck-Titeln stammt, weisen sie ganz leicht unterschiedliche Strukturen im Aufbau auf, zum Beispiel werden Flüssigkeitsmengen mal in Gramm und mal in Millilitern angegeben. Manche Rezepte sind aus dem gleichen Grund für zwei und andere für vier Personen ausgelegt.

Möchten Sie Einkaufslisten für eine andere Personenzahl berechnen, können Sie unser kostenloses Tool **www.mengenrechner.de** verwenden. Melden Sie sich dazu bitte an und aktivieren Sie dieses Buch durch einfaches Anklicken. Dann können Sie sehr komfortabel Einkaufslisten erstellen, anpassen und speichern, andere Personenzahlen berechnen, Lieblingsrezepte speichern und vieles andere mehr. Über 250 000 Menschen haben unseren praktischen Mengenrechner bereits erfolgreich genutzt.

Bedeutung der Phase-1- und Phase-2-Rezepte

Phase 1: kein Zucker, wenig Kohlenhydrate – Heißhunger abstellen und Darm schützen. Perfekt für die ersten 14 Tage, aber auch länger, um viel abzunehmen.

Phase 2: gesund schlank werden. Ab Tag 15 und dauerhaft für eine gesunde Ernährung.

Verwendete Abkürzungen und Icons in den Rezepten

VG **vegan**

VT **vegetarisch**

LF **laktosefrei**

GF **glutenfrei**

ZF **frei von raffiniertem Zucker**

Das Besondere an diesem Buch – besonders einfach

Einfach nur diese Rezepte verwenden

Versuchen Sie, jeden Tag ein bisschen besser zu werden, bis es Ihnen gelingt, mehr Routine beim Selbstkochen zu bekommen. Kaufen Sie gezielt nur noch Dinge ein, die Ihnen guttun. Das schenkt Ihnen Gesundheit und spart nebenbei auch eine Menge Geld. Eine junge Patientin hatte über Jahre täglich einen Molkeshake getrunken und eine große Packung Kaugummi gekaut. Beide Produkte sind enorme Süßstoffbomben. Diese verheerende Routine im Alltag belastete massiv Darmgesundheit und Geldbeutel. Allein der Verzicht auf diese Produkte brachte erste gesundheitliche Erfolge, inzwischen geht es der Patientin dank einer konsequenten Ernährungsumstellung exzellent und sie konnte sogar endlich ihr lang ersehntes Studium beginnen.

Bald werden sich auch Ihr Leben und Ihr Kühlschrankinhalt verändern – und damit auch Ihre Gesundheit. Wenn Sie so weit sind, dass Sie bis auf einzelne Ausnahmen nur noch mit diesen Rezepten kochen, haben Sie es geschafft. Mit etwas Übung wird es Ihnen gelingen, die Rezepte zu variieren, ohne dass sich ein Berg Nudeln als Beilage darin verirrt.

Einfach einzukaufen

Alle Rezepte wurden mehrfach auf ihre Alltagstauglichkeit geprüft. Auch in Sachen Einkauf. Alles, was Sie brauchen, sollten Sie im Supermarkt oder beim Discounter bekommen. Wo Sie die Produkte vielleicht am besten bekommen können, finden Sie in einer Liste hinten im Buch (Seite 188).

Versuchen Sie, mit Genuss und einem Einkaufszettel, aber ohne Hungergefühl einkaufen zu gehen. Legen Sie nichts überhastet in Ihren Warenkorb. Fragen Sie sich ab jetzt: »Tut das was für mich und meine Gesundheit?« Wenn nicht, dann lassen Sie es im Regal! Genießen Sie es, die besten Produkte für Ihre Gesundheit zu finden, die Sie bekommen können und Ihren Geldbeutel nicht belasten. Ich bin überzeugt, ehrliche Lebensmittel ohne Zusätze, vor allem preisgünstiges frisches Gemüse, Kräuter, Salate und zuckerarmes Obst, sind das Beste für Ihren Körper und schonend für das Budget. Sie helfen Ihnen auf dem Weg, gesund und schlank zu werden und zu bleiben, besser als jeder süßstoffbeladene Molkeshake, der zwar äußerlich schlank, aber die gesund erhaltende Darmflora schlapp macht.

Achten Sie auf Qualität, saisonale Angebote und regionale Herkunft. Je schneller ein Lebensmittel den Weg auf den Tisch findet, umso mehr kann es für Ihren Körper leisten. Bioqualität ist immer ein Gewinn, muss aber nicht bei jedem Produkt sein. Zucker allerdings wird nicht gesünder, wenn man ihn aus einer Biozuckerrübe gewinnt.

Einfache Rezepte, die schmecken

Für dieses Buch habe ich für Sie eine liebevolle Auswahl der besten Rezepte aus meinen letzten vier Büchern zusammengestellt, die mehrfach auf der Frankfurter Buchmesse im Segment »Gesundheit« prämiert wurden. Mit über 40 000 Usern wurden diese Lieblingsrezepte (www.mengenrechner.de) ausgewählt. Außerdem wurden 30 weitere Rezepte entwickelt, die ganz besonders gesund, einfach, köstlich und alltagstauglich sind. Dazu habe ich noch neue Rezepte für Sie mitentwickelt. Sie sehen: Langweilig wird das Kochen auf gar keinen Fall.

Einfach genießen

Für alle Neueinsteiger in die Doc Fleck Methode: Sie werden staunen, wie köstlich gesund schmecken kann, wenn man alles frisch zubereitet. Aus langer Erfahrung wissen wir, dass Menschen, die sich konsequent an meine Rezepte und Empfehlungen gehalten haben, nach wenigen Tagen gar keine Lust mehr verspürt haben zu sündigen. Denn der persönliche Geschmack ändert sich schnell, wenn er mit einem neuen guten Lebensgefühl einhergeht. Leider haben viele Menschen vergessen, wie befreiend es ist, schlank, unbeschwert, energiegeladen und einfach gesund und vital zu sein.

Einfach weglassen

Eine ganze Reihe von Lebensmitteln sollten Sie links liegen lassen. Manche, weil sie dick machen, andere, weil sie keinen sinnvollen Beitrag zur Ernährung leisten und eher wie ein Energieräuber im Körper wirken. Wenn Sie gerade mit dem Schicksal hadern, weil Sie meinen, diesen Tag nicht ohne Schokolade zu überstehen, gönnen Sie sich ein Stück. Am besten dunkle Schokolade mit über 70 Prozent Kakaoanteil. Oder die eine Gabel Sahnetorte. Oder den einen Esslöffel Erdnüsse. Oder, oder, oder. Die Dosis macht bekanntlich das Gift. Achten Sie dabei unbedingt darauf, wie Ihr Körper auf die verzehrten Nahrungsmittel reagiert. Nicht selten wird dabei bewusst, dass das »Koma« am frühen Nachmittag mit der Zusammensetzung dessen zusammenhängt, was man sich zuletzt in den Mund geschoben hat.

Wenn Sie mithilfe dieses Buchs abnehmen wollen, sollten Sie diese kleinen Ausrutscher in der ersten Woche strikt vermeiden: Sie müssten sonst zwei Tage dranhängen, um Ihren Stoffwechsel wieder zurück in die Fettverbrennung und in einen guten Stoffwechsel zu bringen.

Einfach loslegen

So, jetzt aber! Nicht viel lesen, einfach loslegen! Das ist die Devise dieses Buches. Wenn Sie bereits Kocherfahrungen haben oder meine Methode kennen, wird Ihnen alles leicht fallen. Wenn Sie bisher noch nie selbst gekocht haben, gebe ich gern den Ratschlag eines Freundes weiter: »Man muss einfach den Mut haben, auch mal zu scheitern, wo sonst kann man kleine Fehler nachher einfach aufessen.«

In diesem Sinne wünsche ich Ihnen guten Appetit, viel Freude beim Einkauf und beim Kochen – und ein glückliches Leben in bester Gesundheit! Machen Sie was draus!

Symptomerfassung nach der Doc Fleck Methode

Dieser umfassende Fragebogen hilft Ihnen, den tatsächlichen Gesundheitszustand Ihres Körpers einzuschätzen – er bringt sie langfristig viel weiter als jede Labordiagnostik mit »Normalbefunden«. **Es lohnt sich also, diese Zeit für sich selbst zu investieren!** Drucken Sie sich den Bogen mehrfach aus (Adresse ist auf der Folgeseite). Nutzen Sie dann das erste Kästchen für den aktuellen Stand und füllen Sie zum Beispiel nach 14 Tagen das zweite Kästchen zum Vergleich aus. Gerade auch der Langzeitvergleich ist ein wichtiges Tool!

Bitte bewerten Sie die folgenden Symptome je nach Schweregrad auf einer Punkteskala von 0 bis 4, wobei 4 schwere Symptome darstellt. Erfassen Sie die Symptome vor und nach Ihrer Ernährungsumstellung. Lassen Sie sich von der Kraft Ihrer neuen Lebensweise überzeugen.

		Augen
		Tränende, juckende Augen
		Trockene Augen
		Geschwollene, gerötete Augenlider
		Dunkle Augenringe, Tränensäcke
		Sehschwäche, verschwommene Sicht
		Gesamt vorher
		Gesamt nachher

		Gewicht
		Schwierigkeiten beim Abnehmen
		Heißhunger auf bestimmte Nahrungsmittel
		Übergewicht
		Untergewicht
		Zwanghaftes Essen
		Wassereinlagerungen (z. B. Schwellungen Unterschenkel)
		Gesamt vorher
		Gesamt nachher

		Gelenke, Muskulatur
		Gelenkschmerzen
		Gelenkschwellungen (Arthritis)
		Muskelschmerzen
		Steifigkeitsgefühle und Bewegungseinschränkungen
		Schwächegefühl, Erschöpfung der Muskulatur
		Gesamt vorher
		Gesamt nachher

		Haut
		Akne
		Trockene Haut, Nesselsucht
		Haarausfall
		Ausschläge
		Hitzewallungen
		Übermäßiges Schwitzen
		Gesamt vorher
		Gesamt nachher

Herz-Kreislauf-System

- Unregelmäßiger Herzschlag, Aussetzer
- Schneller oder klopfender Herzschlag, Herzrasen
- Schmerzen in der Brust
- Hoher Blutdruck
- Niedriger Blutdruck
- Gesamt vorher
- Gesamt nachher

Kopf

- Kopfschmerzen
- Migräne
- Schwindel
- Mattigkeitsgefühl
- Gesamt vorher
- Gesamt nachher

Lunge

- Verschleimung der Bronchien
- Asthma bronchiale, chronische Bronchitis
- Atembeschwerden
- Kurzatmigkeit
- Gesamt vorher
- Gesamt nachher

Mund, Hals

- Häufiger Drang zum Räuspern
- Halsschmerzen, Heiserkeit
- Geschwollenes oder blutendes Zahnfleisch
- Zunge mit Verfärbungen
- Geschwollene Lippen
- Aphten
- Chronischer Husten
- Gesamt vorher
- Gesamt nachher

Nase

- Verstopfte Nase
- Laufende Nase
- Nasennebenhöhlenprobleme
- Starke Schleimbildung
- Niesattacken
- Gesamt vorher
- Gesamt nachher

Schlaf

- Einschlafprobleme
- Durchschlafprobleme
- Nicht erholsamer Schlaf
- Schlaf-Apnoe-Syndrom
- Gesamt vorher
- Gesamt nachher

Verdauung

		Sodbrennen, Aufstoßen
		Übelkeit, Erbrechen
		Durchfall
		Verstopfung
		Blähungen
		Magen-, Darmschmerzen
		Gesamt vorher
		Gesamt nachher

Energie, Aktivität

		Müdigkeit, Erschöpfung
		Apathie, Lethargie
		Hyperaktivität
		Innere Unruhe
		Gesamt vorher
		Gesamt nachher

Emotionaler Zustand

		Angstgefühle
		Stimmungsschwankungen
		Depressionen
		Nervosität
		Reizbarkeit
		Gesamt vorher
		Gesamt nachher

Gedächtnis, geistiger Zustand

		Schlechtes Gedächtnis
		Schlechtes Konzentrationsvermögen
		Aufmerksamkeitsstörung
		»Vernebeltes Gehirn«
		Entscheidungsprobleme
		Stottern, Stammeln, undeutliche Aussprache
		Gestörte physische Koordination
		Gesamt vorher
		Gesamt nachher

Sonstige Symptome

		Häufiges Kranksein, häufige Infektionen (z. B. Erkältungen oder Blaseninfekte)
		Häufiges Wasserlassen, häufiger Harndrang
		Gesamt vorher
		Gesamt nachher

		Gesamtpunktzahl vorher
		Gesamtpunktzahl nachher

Auflösung: Ihr Platz auf der Skala der optimalen Gesundheit

0–12 Punkte	Optimale Gesundheit
12–50 Punkte	Leicht eingeschränkte Gesundheit
50–90 Punkte	Mittelgradig eingeschränkte Gesundheit
über 90 Punkte	Schwergradig eingeschränkte Gesundheit

Bitte werden Sie nicht panisch, wenn Sie bei diesem zugegeben sehr umfassenden Fragebogen nicht besonders erfreulich abgeschnitten haben. Kleines Trostpflaster: Es geht nicht wenigen Menschen genauso. Machen Sie sich ab jetzt auf den Weg! Denn die gute Nachricht lautet: Viele Ihrer nun wahrgenommenen Beschwerden können verschwinden, indem Sie gesunde Rezepte wie aus diesem Buch täglich genussvoll umsetzen.

Symptomerfassung nach der Doc Fleck Methode zum Ausdrucken: www.bjvv.de/symptomerfassung

TIPP VON DOC FLECK

Kopieren Sie sich diesen Fragebogen mindestens viermal! Füllen Sie ein Exemplar an dem Tag aus, an dem Sie starten, dann nach Woche zwei, drei und vier einen weiteren Fragebogen. Auf diese einfache Weise können Sie Ihre ersten Erfolge sehr einfach dokumentieren und den Selbstheilungsprozess Ihres Körpers bewusst wahrnehmen.

Wichtig: Jede noch so sinnvolle Selbstbeobachtung sollte bei anhaltenden Beschwerden keinesfalls die fachliche Bewertung und Therapie durch einen erfahrenen Arzt ersetzen.
Die Rezepte in diesem Buch versprechen Ihnen nicht nur Vielfalt an reichhaltigen Lebensmitteln, sondern eine neue Dimension der Gesundung und Heilung.

Frühstück

Salate

Suppen

Fisch

Fleisch

Veggie

Snacks

Drinks

VG VT LF GF ZF

PHASE 1

Avocado-Gurken-Smoothie mit Kichererbsen und Minze

Nährwerte pro Person 268 kcal – E 7 g, F 20 g, KH 14 g, B 9 g

Zubereitung 12 Minuten
Für 2 Personen

1 Salatgurke (ca. 400 g)
1 große reife Avocado (150 g Fruchtfleisch)
125 g vorgegarte Kichererbsen (ca. 60 g Trockenmasse)
10–12 Stängel Minze (ca. 7 g Blätter)
6 TL Limettensaft (30 ml)
1 kleine Prise Salz
grüner Pfeffer aus der Mühle

Die **Gurke** waschen und ungeschält grob in Stücke schneiden. Die **Avocado** halbieren und entkernen, das Fruchtfleisch herauslösen und in Stücke schneiden. Die **Kichererbsen** in einem Sieb unter fließendem kaltem Wasser abbrausen und abtropfen lassen. Die **Minze** abbrausen, trocken tupfen und die Blätter grob hacken. • Alle Zutaten mit **Limettensaft, Salz** und etwas **Pfeffer** und zunächst 400 ml Wasser im Standmixer auf hoher Stufe sehr fein pürieren. Nach gewünschter Konsistenz mehr Wasser dazugeben. Den Smoothie in zwei Gläser füllen.

VG VT LF GF ZF

PHASE 2

Smoothie-Bowl mit weißen Bohnen, Avocado, Mango und Kokoschips

Nährwerte pro Person 385 kcal – E 11 g, F 24 g, KH 28 g, B 17 g

Zubereitung 12 Minuten
Für 2 Personen

250 g vorgegarte weiße Bohnen (ca. 125 g Trockenmasse)
1 kleine reife Mango (200 g Fruchtfleisch)
1 große reife Avocado (150 g Fruchtfleisch)
6 TL Limettensaft (30 ml)
1 TL abgeriebene Biolimettenschale
1 kleine Prise Salz
1 Msp. gemahlene Vanille
15 g Kokoschips
1 Prise Chiliflocken (nach Belieben)

Die **Bohnen** in einem Sieb unter fließendem kaltem Wasser abbrausen und abtropfen lassen. Die **Mango** schälen und das Fruchtfleisch vom Stein schneiden. Etwa ein Viertel der Mango klein würfeln und beiseitelegen, den Rest grob zerkleinert in einen Mixbecher geben. Die **Avocado** halbieren, entkernen und das Fruchtfleisch herauslösen. Etwa ein Viertel der Avocado in dünne Scheiben schneiden und beiseitelegen, den Rest grob zerkleinern und mit den Bohnen in den Mixbecher geben. • **Limettensaft, Limettenschale, Salz, Vanille** und 40–50 ml Wasser hinzufügen und mit dem Stabmixer fein pürieren. Auf zwei Schalen verteilen und mit Avocadoscheiben, Mangowürfeln und **Kokoschips** dekorieren. Nach Geschmack mit den **Chiliflocken** bestreuen.

VG VT LF GF ZF

PHASE 1

Frühstücksrührei mit Champignons und Lachs

Zubereitung 15 Minuten
Für 2 Personen

100 g geräucherter Lachs, in Scheiben geschnitten
1 EL Olivenöl extra vergine
150 g Champignons, in feine Scheiben geschnitten
2 Frühlingszwiebeln, in feine Ringe geschnitten
4 Eier (Größe L)
40 ml Milch (3,5 % Fett)
½ EL TK-Kräutermischung oder ½ TL getrocknete Kräuter der Provence
Meersalz
6 Cocktailtomaten, geviertelt
1 Stängel Dill, Spitzen abgezupft
schwarzer Pfeffer aus der Mühle

Nährwerte pro Person
342 kcal
E 31 g, F 21 g, KH 6 g, B 3 g

Die **Lachsscheiben** auf zwei Tellern anrichten und beiseitestellen. • Das **Olivenöl** in einer Pfanne auf mittlerer Stufe erhitzen. Die **Champignons** darin 1–2 Minuten anbraten. Die **Frühlingszwiebeln** zugeben und 2 Minuten unter gelegentlichem Rühren mitbraten. • Inzwischen die **Eier** mit **Milch, Kräutern** und etwas **Salz** in einer Schüssel gut verquirlen. Die Eiermischung in die Pfanne gießen, die Hitze reduzieren und die Eier kurz stocken lassen. Dann durchrühren und wieder kurz stocken lassen – die Eiermasse sollte noch etwas cremig sein. • Das Rührei auf den vorbereiteten Tellern neben den Lachsscheiben anrichten, mit **Cocktailtomaten** und **Dill** garnieren, mit **Pfeffer** bestreuen und servieren.

TIPP VON DOC FLECK

Für eine vegetarische Variante den Lachs weglassen und stattdessen eine halbe Avocado nehmen: Avocadohälfte schälen, in Scheiben schneiden und neben dem Rührei anrichten.

... herzhaft mit Gurke und Dill

Doc-Fleck-Frühstück mit Beeren
– Original

VG VT LF GF ZF

PHASE 1

Doc-Fleck-Frühstück mit Gurke und Dill

Nährwerte pro Person 325 kcal – E 27 g, F 18 g, KH 13 g, B 2 g

Zubereitung 5 Minuten
Für 2 Personen

Für das Topping
20 g Misopaste
20 g geschälte Sesamsaat
1 Salatgurke (ca. 400 g)
Salz und Pfeffer
3–4 Stängel Dill (5 g Dillspitzen)

Für die Quarkcreme
siehe unten, aber ohne Vanille

Die Quarkcreme wie unten angegeben ohne Vanille zubereiten, dafür die **Misopaste** einrühren. • Die **Sesamsaat** in einer Pfanne ohne Fettzugabe goldgelb rösten und abkühlen lassen. • Die **Salatgurke** schälen, entkernen und knapp 5 mm groß würfeln. Dann leicht mit **Salz** und **Pfeffer** würzen, unter die Quarkcreme mischen und in zwei Schalen füllen. • Den **Dill** abbrausen und trocken tupfen. Die Spitzen abzupfen, hacken und mit dem gerösteten **Sesam** über die Quarkportionen streuen.

VG VT LF GF ZF

PHASE 1

Doc-Fleck-Frühstück mit Beeren – Original

Nährwerte pro Person 372 kcal – E 28 g, F 21 g, KH 17 g, B 8 g

Zubereitung 5 Minuten
Für 2 Personen

Für das Topping
250 g gemischte Beeren
30 g Mandelkerne

Für die Quarkcreme
300 g Magerquark
100 g Naturjoghurt (3,5 % Fett)
10 ml Zitronensaft (2 TL)
je 2 TL hochwertiges Biolein- oder -weizenkeimöl aus omegageschützter Herstellung (optional DHA- und Vitamin-D_3-Zusatz; 4 TL)
Vanille, Zimt, Kardamom oder Kurkuma nach Belieben

Beeren abbrausen, eventuell entstielen und trocken tupfen. Große Erdbeeren und Brombeeren nach Belieben kleiner schneiden. • Den **Quark** mit **Joghurt, Zitronensaft** und **Öl** in einer Schüssel gut vermischen. Nach Belieben **Vanille, Zimt, Kardamom** oder **Kurkuma** einrühren. • Die Quarkcreme in zwei Schalen füllen und darauf die Beeren verteilen. Die **Mandeln** hacken oder hobeln und darüberstreuen.

Vegane und laktosefreie Variante
Für diese Varianten können Magerquark und Joghurt durch 3 EL Chia- oder Leinsamen (optimalerweise frisch gemahlen) in Kombination mit Mandel-, Reis-, Kokos- oder Haferdrink ersetzt werden.

TIPP VON DOC FLECK

Die Angaben gelten für einen Standmixer oder Hochleistungsmixer. Für einen weniger starken Mixer die Zeiten anpassen. Die Karotten sollten nicht musig werden.

VG VT LF GF ZF

PHASE 1

Doc Flecks Karotten-Mandel-Brot

Zubereitung 35 Minuten plus 100 Minuten Backzeit und 15 Minuten Nachgarzeit

Für 1 Brot (1 kg)

120 g Goldleinsamen
120 g Mandelmehl (Low Carb)
50 g gemahlene Flohsamenschalen
20 g Backpulver (1 ½ Pck.)
60 g geschälte Hanfsamen
5 Eier (Größe M)
250 g Quark (20 % Fett)
10 g Salz (1 ½ TL)
30 ml Apfelessig (6 TL)
3–4 Karotten (insgesamt 350 g, geschält 270 g)

Nährwerte pro 100 g

221 kcal
E 19 g, F 13 g, KH 4 g, B 12 g

Den Backofen auf 160 °C Umluft vorheizen. • Die **Leinsamen** im Standmixer relativ fein mahlen. Mit **Mandelmehl** und **Flohsamenschalen** in eine Schüssel geben und vermengen. Das **Backpulver** darübersieben und untermischen. Dann die **Hanfsamen** einrühren. • In einer anderen Schüssel **Eier, Quark, Salz** und **Essig** mit den Quirlen des Handrührgeräts glatt verrühren. Die **Karotten** schälen, in grobe Stücke schneiden und im Standmixer (siehe auch Tipp) bei Stufe 3 (von 10) etwa 45 Sekunden zerkleinern – sie sollten eine Körnigkeit wie Bulgur haben. Die Karotten in die Quarkmasse rühren. • Die trockene Mandelmehlmischung mit dem Handrührgerät nach und nach in die Quarkmischung rühren und zum Binden etwa 5 Minuten ruhen lassen. • Eine Kastenform (etwa 11 × 25 cm) mit Backpapier auslegen. Den Teig in die vorbereitete Form füllen und mit einem angefeuchteten Spatel glatt streichen. Mit der Kante des Spatels die Oberfläche im Abstand von 2 cm mehrfach einritzen. • Im vorgeheizten Ofen auf der mittleren Schiene 100 Minuten backen, dabei nach der halben Zeit die Form einmal umdrehen, damit das Brot gleichmäßig backt. • Am Ende der Backzeit mit einem Stäbchen eine Garprobe machen. Den Ofen ausschalten und das Brot bei geöffneter Ofentür noch 15 Minuten nachgaren lassen. • Herausnehmen, das Brot aus der Form heben und auf einem Kuchengitter vollständig auskühlen lassen. • Karotten-Mandel-Brot aufschneiden und zwischen Lagen von Backpapier in Clipboxen aufbewahren. Am besten einfrieren und portionsweise entnehmen.

VG VT LF GF ZF

PHASE 1

Doc Flecks veganes Mandel-Saaten-Brot

Zubereitung 15 Minuten plus 15 Minuten Quellzeit und 75 Minuten Backzeit

Für 1 Brot (ca. 940 g)

100 g gemahlene unblanchierte Mandeln
100 g weißes oder braunes Mandelmehl (Low Carb)
100 g Goldleinsamen, frisch geschrotet
50 g gemahlene Flohsamenschalen
100 g Chiasamen
15 g Backpulver (1 Pck.)
10 g Salz (1 ½ TL)
100 g Sonnenblumenkerne
30 g Kokosöl (6 TL)
15 ml Apfelessig (3 TL)

Nährwerte pro 100 g

290 kcal
E 16 g, F 21 g, KH 3,5 g, B 8 g

Gemahlene **Mandeln, Mandelmehl, Leinsamen, Flohsamenschalen, Chiasamen, Backpulver** und **Salz** in einer Schüssel gründlich und klümpchenfrei vermengen. Dann die **Sonnenblumenkerne** untermischen. • Das **Kokosöl** in 500 ml warmem Wasser auflösen und den **Essig** einrühren. Langsam in die Mehlmischung gießen, dabei mit den Knethaken des Handrührgeräts alles gründlich vermischen und noch 3–4 Minuten kneten. Den Teig etwa 15 Minuten quellen lassen. • Inzwischen den Backofen auf 150 °C Umluft vorheizen und eine Kastenform (etwa 14 × 22 cm) mit Backpapier auslegen. • Den Teig in die vorbereitete Form füllen, gut andrücken und die Oberfläche mit einem Spatel glätten. Dann mehrmals schräg einritzen. • Im vorgeheizten Ofen auf der mittleren Schiene 75 Minuten backen, dabei nach der halben Zeit die Form einmal umdrehen, damit das Brot gleichmäßig backt. • Am Ende der Backzeit mit einem Stäbchen eine Garprobe machen und eventuell weitere 10 Minuten backen. Ansonsten den Ofen ausschalten und das Brot bei halb geöffneter Ofentür noch 1 Minute nachgaren lassen. • Herausnehmen, das Brot aus der Form heben und auf einem Kuchengitter vollständig auskühlen lassen. • Das Mandel-Saaten-Brot am besten in Scheiben schneiden und portionsweise einfrieren.

Grünkohl-Smoothie mit Melone und Mandelmus

Frühstücks-Hirse-Bowl

VG VT LF GF ZF

PHASE 2

Grünkohl-Smoothie mit Melone und Mandelmus

Nährwerte pro Person 270 kcal – E 9 g, F 13 g, KH 29 g, B 7 g

Zubereitung 10 Minuten
Für 2 Personen

½ Salatgurke (200 g mit Schale)
1 Stück Honigmelone (geschält und entkernt 200 g)
60 g Feldsalat (geputzt 50 g; alternativ Blattspinat)
2 Medjool-Datteln (entsteint 40 g)
100 g gehackter TK-Grünkohl (Natur, portionierbar)
50 g weißes Mandelmus
15 ml Zitronensaft (3 TL)
je 1 Prise Salz und Pfeffer

Die **Gurke** waschen und mit der Schale in grobe Stücke schneiden. Die **Melone** schälen, entkernen und ebenfalls in grobe Stücke schneiden. Den **Feldsalat** verlesen und gründlich waschen. Die **Datteln** entsteinen. • Alle Zutaten mit 150 ml Wasser in den Standmixer geben und auf höchster Stufe fein mixen. **Grünkohl** und **Mandelmus** zugeben und erneut durchmixen. • Mit **Zitronensaft** und nach Belieben mit etwas **Salz** und **Pfeffer** würzen. Den Grünkohl-Smoothie in zwei große Gläser füllen und servieren.

VG VT LF GF ZF

PHASE 2

Frühstücks-Hirse-Bowl

Nährwerte pro Person 316 kcal – E 10 g, F 17 g, KH 31 g, B 6 g

Zubereitung 15 Minuten
Für 2 Personen

70 g schnellkochende Hirse
30 g Mandelkerne
100 g Himbeeren
150 g griechischer Naturjoghurt (10 % Fett)
8 g Erythrit (2 TL)
1 Prise Salz
1–2 Prisen gemahlener Ceylon-Zimt

Die **Hirse** nach Packungsangabe garen und abkühlen lassen. • Inzwischen die **Mandelkerne** in einer kleinen Pfanne ohne Fettzugabe rösten, dann abkühlen lassen und grob hacken. • Die **Himbeeren** behutsam abbrausen und trocken tupfen. • **Joghurt** und **Erythrit** in die Hirse rühren und mit **Salz** und **Zimt** würzen. Die Joghurtmischung auf zwei Bowls verteilen, mit Mandeln und Himbeeren garnieren und servieren.

Frühstück

Salate

Suppen

Fisch

Fleisch

Veggie

Snacks

Drinks

VG VT LF GF ZF

PHASE 1

Feldsalat mit Röstkarotten und Walnüssen

Zubereitung 35–40 Minuten
Für 2 Personen

450 g schlanke Karotten (z. B. Bundkarotten; ohne Grün gewogen, geschält 350 g)
4–5 Schalotten (geschält 120 g)
100 g Feldsalat (geputzt 75 g)
30 g Walnusskerne
4–5 Zweige Thymian (2 g Blättchen)
4 TL Olivenöl extra vergine (20 ml)
Salz
Vanillepfeffer oder schwarzer Pfeffer aus der Mühle
½ TL Ceylon-Zimt (1 g)
70 ml Orangensaft
2 TL Dijonsenf (10 g)
2 TL Walnussöl (10 ml)

Nährwerte pro Person
448 kcal
E 6 g, F 40 g, KH 17 g, B 9 g

Die **Karotten** schälen, abbrausen, trocken tupfen und schräg in knapp 5 mm dicke Scheiben schneiden. Die **Schalotten** schälen und in 5 mm dicke Ringe schneiden. Den **Feldsalat** verlesen, sehr gründlich waschen und trocken schleudern. Die **Walnusskerne** in einer kleinen Pfanne ohne Fettzugabe rösten, dann herausnehmen und grob hacken. Den **Thymian** abbrausen, trocken tupfen, die Blättchen abzupfen und hacken. • 3 TL **Olivenöl** in einer Pfanne erhitzen und die Karotten darin 1–2 Minuten kräftig anbraten. Dann bei gut mittlerer Hitze und unter häufigem Wenden 6–7 Minuten weiterbraten, bis sie leicht gebräunt sind. An den Rand schieben, restliches **Olivenöl** zugießen und die Schalotten darin bei schwächerer Hitze glasig andünsten. Mit den Karotten mischen, **salzen, pfeffern** und mit dem **Zimt** bestäuben. Mit der Hälfte des **Orangensaftes** ablöschen, mischen und mit dem Thymian bestreuen. Auf der ausgeschalteten Herdplatte ziehen lassen. • Den restlichen **Orangensaft** mit **Senf,** etwas **Salz** und **Pfeffer** verrühren, dann das **Walnussöl** kräftig einrühren. • Den Feldsalat auf zwei Tellern verteilen und das Dressing darüberträufeln. Die Röstkarotten darauf verteilen und mit den Walnüssen bestreuen.

TIPP VON DOC FLECK

Vanillepfeffer können Sie ganz einfach selbst herstellen. Dafür mischen Sie ⅓ getrocknete Bourbonvanille-Stückchen und ⅔ schwarze Pfefferkörner.

VG VT LF GF ZF

PHASE 2

Lauwarmer Salat mit gebackenem Gemüse, Bohnen-Miso-Dip und Sonnenblumenkernen

Zubereitung 20 Minuten plus 40–45 Minuten Backzeit
Für 2 Personen

Für den Salat
250 g Karotten (geschält 200 g)
1–2 kleine Rote Beten (geschält 100 g)
½ großer oder 1 kleiner Blumenkohl (geputzt 500 g)
5 TL Olivenöl extra vergine (25 ml)
Salz und Pfeffer
2 TL Currypulver oder Ras el-Hanout nach Geschmack (5 g)
40 g Sonnenblumenkerne
1 kleiner Kopf Radicchio (geputzt 80 g)
1 Bund glatte Petersilie (20 g Blätter)

Für den Dip
100 g vorgegarte weiße Bohnen (ca. 50 g Trockenmasse)
40 g weiße Misopaste
2 TL Limettensaft (10 ml)
1 TL abgeriebene Biolimettenschale

Für die Vinaigrette
2 TL Limettensaft (10 ml)
1 TL abgeriebene Biolimettenschale
3 TL Olivenöl extra vergine (15 ml)
Salz und Pfeffer

Den Backofen auf 200 °C Ober-/Unterhitze vorheizen. • Für den Salat die **Karotten** schälen, längs vierteln und in etwa 3 cm große Stücke schneiden. Die **Roten Beten** schälen (Einweghandschuhe verwenden) und in etwas schmalere Streifen als die Karotten schneiden. Den **Blumenkohl** in mundgerechte Röschen teilen. Das Gemüse abbrausen, trocken tupfen und in eine Auflaufform füllen. Mit dem **Öl** beträufeln, **salzen, pfeffern** und mit dem **Currypulver** bestreuen. Gut vermengen und im vorgeheizten Ofen 40–45 Minuten backen, dabei zwischendurch zweimal wenden. Das Gemüse soll gar sein, aber noch etwas Biss haben. • Inzwischen die **Sonnenblumenkerne** in einer kleinen Pfanne ohne Fettzugabe goldbraun rösten und beiseitestellen. Den **Radicchio** putzen, abbrausen, trocken tupfen und in Streifen schneiden. Die **Petersilie** abbrausen, trocken tupfen und hacken. • Für den Dip die **Bohnen** abgießen und mit **Misopaste, Limettensaft, Limettenschale** und 4–5 TL Wasser in einen Mixbecher geben. Mit dem Stabmixer fein pürieren. • Für die Vinaigrette **Limettensaft, Limettenschale, Öl,** etwas **Salz** und **Pfeffer** zu einer Vinaigrette verrühren. • Das Ofengemüse auf zwei Tellern anrichten. Den Bohnen-Miso-Dip in Linien darüber verteilen. Den Radicchio mit der Vinaigrette mischen und auf dem Gemüse anrichten. Sonnenblumenkerne und Petersilie darüberstreuen und lauwarm servieren.

Nährwerte pro Person
486 kcal – E 19 g, F 33 g, KH 28 g, B 19 g

VG VT LF GF ZF

PHASE 2

Salat mit Süßkartoffelwürfeln, schwarzen Bohnen und Frühlingszwiebeln auf Spinat

Zubereitung 30 Minuten
Für 2 Personen

1 Süßkartoffel (geschält 175 g)
Salz
schwarzer Pfeffer aus der Mühle
6 TL Olivenöl extra vergine (30 ml)
2–3 schmale Frühlingszwiebeln (geputzt 30 g)
50 g frischer Blattspinat (geputzt 35 g)
1 mittelgroße rote Chilischote (geputzt 15 g)
125 g vorgegarte schwarze Bohnen (ca. 60 g Trockenmasse)
5 TL Limettensaft (25 ml)
20 g weiße Misopaste
1 Msp. Cayennepfeffer

Nährwerte pro Person
305 kcal
E 8 g, F 17 g, KH 29 g, B 8 g

Den Backofen auf 180 °C Ober-/Unterhitze vorheizen. • Die **Süßkartoffel** schälen, abbrausen und in knapp 1 cm große Würfel schneiden. In eine kleine Auflaufform geben, **salzen, pfeffern** und mit 2 TL **Öl** vermengen. Im vorgeheizten Ofen 18–20 Minuten backen. • Inzwischen die **Frühlingszwiebeln** putzen, abbrausen und in schmale Ringe schneiden. Den **Blattspinat** verlesen, längere Stiele abknipsen, waschen und trocken schleudern. Die **Chilischote** waschen und in schmale Ringe schneiden, dabei die Kerne entfernen. Die **Bohnen** in einem Sieb unter fließendem kaltem Wasser gründlich abbrausen und trocken tupfen. • Den **Limettensaft** mit **Misopaste** und 25 ml Wasser zu einem glatten Dressing rühren, mit wenig (oder gar keinem) **Salz,** etwas **Pfeffer** und **Cayennepfeffer** würzen, dann das restliche **Öl** kräftig einrühren. • Den Blattspinat auf zwei Schalen verteilen. Süßkartoffeln, Bohnen und Frühlingszwiebeln mit dem Dressing mischen und auf dem Spinat anrichten. Mit den Chiliringen bestreuen.

VG VT LF GF ZF

PHASE 2

Gurken-Apfel-Salat mit Dill, Frühlingszwiebeln und Pistazien

Zubereitung 15 Minuten
Für 2 Personen

400 g feste Minigurken (ca. 6–8 Stück)
1 kleiner grüner Apfel (entkernt 125 g)
Salz
1 Bund schmale Frühlingszwiebeln (geputzt 80 g)
4–5 Stängel Dill (10 g Spitzen)
6 TL Apfelessig (30 ml)
2 TL Dijonsenf (10 g)
grüner Pfeffer aus der Mühle
6 TL Olivenöl extra vergine (30 ml)
30 g grüne Pistazienkerne

Nährwerte pro Person
310 kcal
E 5 g, F 24 g, KH 18 g, B 5 g

Gurken und **Apfel** waschen und trocken tupfen. Die Gurken in etwa 2 mm dünne Scheiben hobeln, **salzen** und in einen Durchschlag geben. Den Apfel ungeschält vierteln, entkernen und in feinste Scheiben hobeln oder schneiden. • Die **Frühlingszwiebeln** putzen, abbrausen und in schmale Ringe schneiden. Den **Dill** abbrausen, trocken tupfen und die Spitzen hacken. • Die Gurkenscheiben trocken tupfen und die vorbereiteten Zutaten locker miteinander mischen. • Den **Apfelessig** mit **Senf,** etwas **Salz** und **Pfeffer** verrühren, dann das **Olivenöl** kräftig einrühren. Das Dressing über den Salat geben, mischen und auf zwei Schalen verteilen. Die **Pistazienkerne** grob hacken und darüberstreuen.

VG VT LF GF ZF

PHASE 2

Granatapfel-Tomaten-Salat

Zubereitung 20 Minuten
Für 2 Personen

500 g aromatische Tomaten (z. B. Roma; gehäutet und entkernt 300 g)
1 mittelgroßer Granatapfel (150 g Kerne)
3–4 Stängel glatte Petersilie (10 g Blätter)
5–7 Stängel Basilikum (10 g Blätter)
4–5 Stängel Dill (10 g Dillspitzen)
3 TL Zitronensaft (15 ml)
1 TL Dijonsenf (5 g)
Salz
grüner Pfeffer aus der Mühle
6 TL mildes Olivenöl extra vergine (30 ml)
15 g grüne Pistazienkerne

Nährwerte pro Person
272 kcal
E 4 g, F 20 g, KH 19 g, B 5 g

Die **Tomaten** kurz blanchieren, häuten, halbieren und entkernen. Die Stielansätze entfernen und das Fruchtfleisch knapp 1 cm groß würfeln. Den **Granatapfel** entlang des »Äquators« einritzen, dann vorsichtig auseinanderbrechen und die Kerne herauslösen. Die **Kräuter** abbrausen, gründlich trocken tupfen und hacken. Alles locker miteinander vermischen. • Den **Zitronensaft** mit **Senf,** etwas **Salz** und **Pfeffer** verrühren, dann nach und nach das **Olivenöl** kräftig einrühren. • Direkt vor dem Servieren den Salat und das Dressing miteinander mischen und auf zwei Teller oder Schalen verteilen. Die **Pistazienkerne** grob hacken und darüberstreuen.

VG VT LF GF ZF

PHASE 2

Büffelmozzarella mit pfannengebratenen Kirschtomaten, Mangowürfeln und Basilikumöl

Zubereitung 20 Minuten
Für 2 Personen

1 Topf Basilikum (30 g Blätter)
Salz
schwarzer Pfeffer aus der Mühle
8 TL Olivenöl extra vergine (40 ml)
1 mittelgroße reife Mango (250 g Fruchtfleisch)
250 g möglichst kleine Kirschtomaten
2 kleine Kugeln Büffelmozzarella (à 100 g)

Nährwerte pro Person
554 kcal
E 16 g, F 45 g, KH 22 g, B 4 g

Die **Basilikumblätter** abzupfen, abbrausen und trocken tupfen. Einige kleine Blätter beiseitelegen, den Rest grob hacken und im Blitzhacker möglichst klein hacken. **Salzen, pfeffern** und mit 6 TL **Öl** verrühren. • Die **Mango** schälen, das Fruchtfleisch in 1,5 cm dicken Scheiben vom Stein schneiden, würfeln und in zwei Schalen füllen. • Die **Tomaten** abbrausen und trocken tupfen. Restliches **Öl** in einer Pfanne erhitzen und die Tomaten darin 4–5 Minuten braten, bis sie gebräunt sind und anfangen aufzuplatzen. Die Pfanne dabei öfter schwenken. **Salzen** und **pfeffern** und auf den Mangowürfeln anrichten. • Die **Mozzarellakugeln** abgießen und trocken tupfen. Mittig auf die Salate setzen, vorsichtig zu Vierteln aufschneiden und **salzen.** Das Basilikumöl auf Mozzarella und Salat löffeln, mit dem beiseitegelegten Basilikum garnieren und sofort servieren.

VG VT LF GF ZF

PHASE 2

Brokkoli-Quinoa-Salat mit Miso-Mandelmus-Dressing

Zubereitung 30 Minuten
Für 2 Personen

60 g schwarze oder rote Quinoa
Salz
1 Brokkoli (250 g Röschen)
2 Frühlingszwiebeln (geputzt 30 g)
120 g Karotte (geschält 100 g)
2 TL hochwertiges Leinöl aus omegageschützter Herstellung (10 ml)
1–2 Knoblauchzehen (geschält 5 g)
20 g weiße Misopaste
40 g weißes Mandelmus
4 TL Reis- oder Apfelessig
schwarzer Pfeffer aus der Mühle
1 Msp. Cayennepfeffer
20 g grüne Pistazienkerne

Nährwerte pro Person
389 kcal
E 16 g, F 23 g, KH 28 g, B 10 g

Die **Quinoa** in einem feinen Sieb unter fließendem heißem Wasser gründlich waschen und nach Packungsangabe garen – in der Regel mit der doppelten Menge leicht **gesalzenem** Wasser aufkochen, abgedeckt 15 Minuten köcheln, dann 10 Minuten ausquellen lassen. • Inzwischen den **Brokkoli** putzen, in gleichmäßig große, mundgerechte Röschen teilen und waschen. In einen Dämpfkorb setzen und über köchelndem Wasser 3 Minuten bissfest garen, dann ausdampfen lassen und **salzen.** • Die **Frühlingszwiebeln** putzen, abbrausen und in Ringe schneiden. Die **Karotte** schälen, in Julienne-Streifen hobeln, mit dem **Leinöl** mischen und **salzen.** • Die **Knoblauchzehe(n)** schälen, sehr fein hacken und mit **Misopaste, Mandelmus, Essig** und 3–4 TL Wasser glatt verrühren. Mit **Pfeffer** und **Cayennepfeffer** abschmecken (Salz ist wegen der Misopaste nicht nötig). • Dann Quinoa, Brokkoliröschen, Frühlingszwiebelringe und Karottenstreifen mit dem Dressing vermischen und den Salat in zwei Schalen füllen. Die **Pistazien** grob hacken und darüberstreuen.

VG VT LF GF ZF

PHASE 2

Kichererbsensalat mit Kräutern

Zubereitung 10 Minuten
Für 2 Personen

Saft von 1 Limette
2 EL Ahornsirup
Meersalz
schwarzer Pfeffer aus der Mühle
1 Msp. Chiliflocken
1 Msp. gemahlener Kreuzkümmel
2 EL Olivenöl extra vergine
1 Dose Kichererbsen (400 g Einwaage)
80 g rote Zwiebel, fein gewürfelt
je ¼ Bund Petersilie, Kerbel, Koriander und Basilikum, Blätter abgezupft

Nährwerte pro Person
359 kcal
E 16 g, F 10 g, KH 30 g, B 11 g

Limettensaft und **Ahornsirup** in eine große Schüssel geben. **Salz, Pfeffer, Chiliflocken** und **Kreuzkümmel** dazugeben und vermengen. Dann das **Olivenöl** einrühren. • Die **Kichererbsen** in ein Sieb abgießen, unter fließendem kaltem Wasser abbrausen und abtropfen lassen. • Die abgetropften Kichererbsen mit **Zwiebelwürfeln** und **Kräutern** in die Schüssel zur Vinaigrette geben und alles gut vermengen. • Den Kichererbsensalat auf zwei Teller verteilen und genießen. Das ist Frische pur!

TIPP VON DOC FLECK

Die Kräuter kann man so zusammenstellen, wie man mag, zum Beispiel den Koriander gegen Dill oder Estragon tauschen oder Kerbel durch Minze ersetzen. Zu diesem Salat passt gegrilltes Fleisch oder Geflügel sehr gut. Dann ist das Gericht aber natürlich nicht mehr vegan oder vegetarisch. Oder man genießt ihn mit etwas Soja- oder Naturjoghurt. Servieren Sie den Salat auch mal in kleinen Portionen als eine originelle Tapas-Variante.

Frühstück
Salate
Suppen
Fisch
Fleisch
Veggie
Snacks
Drinks

VG VT LF GF ZF

PHASE 1

Kokossuppe mit Spinat, Erbsen, grüner Thai-Currypaste und Garnelenspieß

Zubereitung 45 Minuten plus 60 Minuten Marinierzeit
Für 2 Personen

Für die Garnelen

1 kleine Knoblauchzehe (geschält 2,5 g)
½ rote Chilischote (geputzt 10 g)
etwas Schale von 1 Biolimette
2 TL Olivenöl extra vergine (10 ml)
6–8 küchenfertige, geschälte rohe TK-Riesengarnelen (insgesamt 150 g), aufgetaut
10 g Kokosöl
Flockensalz

Für die Suppe

2 Schalotten (geschält 60 g)
1 kleine Knoblauchzehe (geschält 2,5 g)
10 g Kokosöl
10 g grüne Thai-Currypaste
450 ml Gemüsebrühe
225 g TK-Blattspinat
100 g TK-Erbsen
150 ml Kokosmilch (70–90 % Kokosnussanteil)
Salz
grüner Pfeffer aus der Mühle
1–2 TL Limettensaft (5–10 ml)

Außerdem

2 Schaschlikspieße aus Holz

Für die Garnelen die **Knoblauchzehe** schälen und fein hacken. Die **Chilischote** längs halbieren, entkernen, abbrausen und fein hacken. Die **Limette** heiß waschen und trocken reiben. Etwa die Hälfte der Schale mit dem Zestenreißer abziehen und fein hacken. Knoblauch, Chili und Limettenschale mit dem **Öl** vermengen. **Garnelen** kalt abbrausen und trocken tupfen, mit dem Würzöl mischen und im Kühlschrank 60 Minuten marinieren, dabei zwischendurch gelegentlich wenden. Beide Holzspieße in kaltes Wasser legen. • Für die Suppe **Schalotten** und **Knoblauch** schälen und hacken. Das **Kokosöl** in einem Topf erhitzen. Schalotten und Knoblauch darin glasig andünsten. Die **Currypaste** zugeben und unter Rühren sanft anrösten, bis es duftet. Die **Brühe** angießen und aufkochen. Den gefrorenen **Spinat** zugeben, erneut aufkochen und abgedeckt 5 Minuten köcheln lassen. Die **Erbsen** zugeben und weitere 5 Minuten köcheln lassen. Etwa 4 TL **Kokosmilch** beiseitestellen, den Rest zur Suppe geben und die Mischung mit dem Stabmixer fein pürieren. Mit **Salz, Pfeffer** und **Limettensaft** abschmecken und heiß halten, aber nicht mehr kochen. • Die Garnelen aus der Marinade nehmen und auf die Holzspieße stecken. Das **Kokosöl** in einer Pfanne erhitzen und die Spieße darin von jeder Seite etwa 2 Minuten braten. Mit **Flockensalz** bestreuen. • Die Suppe auf zwei Schalen verteilen, die beiseitegestellte Kokosmilch darüberträufeln und je einen Spieß darauf anrichten.

Nährwerte pro Person
436 kcal – E 23 g, F 33 g, KH 10 g, B 6 g

VG VT LF GF ZF

PHASE 1

Weiße Gazpacho

Zubereitung 15 Minuten plus 10 Minuten Garzeit und ca. 2,5 Stunden Abkühl- und Kühlzeit
Für 2 Personen
weißer Teil von 1 großen Lauchstange (100 g)
2 Selleriestangen aus der Staudenmitte (geputzt 75 g)
1–2 Knoblauchzehen (geschält 5 g)
2 TL Olivenöl extra vergine (10 ml)
400 ml Gemüsebrühe
125 g vorgegarte weiße Bohnen (ca. 60 g Trockenmasse)
10 g weiße Misopaste
40 g weißes Mandelmus
Salz
grüner Pfeffer aus der Mühle
1–2 Msp. Cayennepfeffer
1–2 Spritzer Zitronensaft
1 Prise Chiliflocken

Nährwerte pro Person
263 kcal
E 12 g, F 18 g, KH 11 g, B 8 g

Den **Lauch** putzen und gründlich waschen. Etwa 15 g davon in hauchdünne Ringe schneiden und beiseitelegen, den Rest längs halbieren, dann quer in Stücke schneiden. Den **Sellerie** putzen, waschen, entfädeln und klein schneiden. Die **Knoblauchzehe(n)** schälen und hacken. • Das **Öl** in einem Topf erhitzen, dann Lauch und Sellerie darin 2 Minuten unter Rühren andünsten. Den Knoblauch kurz mitdünsten. Die **Gemüsebrühe** angießen und aufkochen. Die **Bohnen** zugeben und abgedeckt 10 Minuten köcheln lassen. • Die Suppenmischung mit dem Stabmixer so fein wie möglich pürieren. **Misopaste** und **Mandelmus** dazugeben und nochmals durchmixen. Mit **Salz, Pfeffer, Cayennepfeffer** und **Zitronensaft** abschmecken. Abkühlen lassen und 2 Stunden in den Kühlschrank stellen. • Vor dem Servieren die Gazpacho nochmals durchrühren und abschmecken. In zwei Schalen füllen und mit den beiseitegelegten Lauchringen und **Chiliflocken** bestreuen.

VG VT LF GF ZF

PHASE 1

Zucchini-Mandel-Suppe mit Sesam-Koriander-Topping

Zubereitung 20 Minuten
Für 2 Personen

Für die Suppe

2 Schalotten (geschält 60 g)
1–2 Knoblauchzehen (geschält 5 g)
500 g Zucchini (geputzt 450 g)
4 TL Olivenöl extra vergine (20 ml)
600 ml Gemüsebrühe plus eventuell etwas mehr
50 g weißes Mandelmus
Salz
grüner Pfeffer aus der Mühle
1 Msp. Cayennepfeffer
4 TL Limettensaft (20 ml)

Für das Topping

3 TL geschälte Sesamsaat (10 g)
1 kleines Bund Koriandergrün (15 g Blätter und zarte Stiele)
Salz
1 TL abgeriebene Biolimettenschale

Nährwerte pro Person
345 kcal
E 13 g, F 27 g, KH 12 g, B 6 g

Für die Suppe **Schalotten** und **Knoblauchzehe(n)** schälen und hacken. Die **Zucchini** putzen, waschen, trocken tupfen und etwa 2 cm groß würfeln. • Das **Öl** in einem Topf erhitzen und die Schalotten darin glasig andünsten. Den Knoblauch kurz mitgaren, die Zucchini zugeben und unter Rühren 1 Minute dünsten. Die **Brühe** angießen, aufkochen und abgedeckt 6–7 Minuten köcheln lassen. • Inzwischen für das Topping den **Sesam** in einer Pfanne ohne Fettzugabe goldgelb rösten. Auf einem Teller abkühlen lassen. Das **Koriandergrün** abbrausen, trocken tupfen und hacken. Den Sesam im Mörser mit etwas **Salz** zerstoßen, dann mit Koriandergrün und **Limettenschale** mischen. • Das **Mandelmus** zur Suppe geben und mit dem Stabmixer fein pürieren. **Salzen, pfeffern** und mit **Cayennepfeffer** würzen. Mit zunächst 3 TL **Limettensaft** abschmecken, dann nach Geschmack den **Rest** hinzufügen. • Die Suppe auf zwei Schalen verteilen und mit dem Sesam-Koriander-Topping bestreuen.

VG VT LF GF ZF

PHASE 1

Rote-Bete-Suppe mit Kokosmilch

Zubereitung 25 Minuten
Für 2 Personen

1 kleine rote Zwiebel (geschält 50 g)
1 kleine Knoblauchzehe (geschält 2,5 g)
20 g frische Ingwerwurzel (geschält 15 g)
250 g gegarte Rote Beten (z. B. vakuumverpackt)
10 g Kokosöl
250–280 ml Gemüsebrühe
½ kleines Bund Koriandergrün (5 g Blätter)
200 ml Kokosmilch (70–90 % Kokosnussanteil)
2 TL Limettensaft (10 ml)
1 TL abgeriebene Biolimettenschale
Salz
grüner Pfeffer aus der Mühle

Nährwerte pro Person
286 kcal
E 4 g, F 23 g, KH 16 g, B 3 g

Zwiebel und **Knoblauchzehe** schälen und hacken. Den **Ingwer** schälen und fein reiben. Die **Roten Beten** klein schneiden. • Das **Kokosöl** in einem Topf erhitzen und die Zwiebel darin glasig andünsten. Den Knoblauch kurz mitdünsten, die Roten Beten zugeben und 1–2 Minuten unter Rühren andünsten. Zunächst 250 ml **Brühe** angießen, aufkochen und 5 Minuten abgedeckt köcheln lassen. Inzwischen das **Koriandergrün** abbrausen, trocken tupfen und die Blätter grob hacken. • Die Suppenmischung mit dem Stabmixer fein pürieren. Die **Kokosmilch** zugießen, nochmals pürieren und eventuell etwas mehr **Brühe** zufügen. Mit **Limettensaft, Limettenschale, Salz** und **Pfeffer** abschmecken. Die Suppe in zwei Schalen füllen und mit dem Koriandergrün bestreuen.

Variante
60 g Kokosjoghurt glatt rühren und in Klecksen auf die Suppenportionen setzen. Das ergibt folgende Nährwerte für 1 Portion: 340 kcal – E 5 g, F 28 g, KH 16 g, B 3 g.

VG VT LF GF ZF

PHASE 1

Vegane Kohlrabisuppe mit Mandelblättchen

Zubereitung 20 Minuten plus 20–25 Minuten Garzeit
Für 2 Personen

2 Schalotten (geschält 60 g)
1 kleine Knoblauchzehe (3 g)
1 mittelgroßer Kohlrabi (geschält 275 g)
15 g Kokosöl
350 ml Gemüsebrühe plus eventuell etwas mehr
15 g Mandelblättchen
40 g weißes Mandelmus
Salz
grüner Pfeffer aus der Mühle
1–2 Msp. Cayennepfeffer
1 TL Zitronensaft
1 TL abgeriebene Biozitronenschale

Nährwerte pro Person
285 kcal
E 10 g, F 23 g, KH 8 g, B 5 g

Schalotten und **Knoblauchzehe** schälen und hacken. Den **Kohlrabi** schälen und die holzigen Teile wegschneiden. Kohlrabi waschen, dann in etwa 2 cm große Würfel schneiden. Kleine, zarte Kohlrabiblättchen waschen, trocken tupfen und beiseitelegen. • Das **Kokosöl** in einem Topf erhitzen und die Schalotten darin glasig andünsten. Den Knoblauch kurz mitdünsten, dann Kohlrabiwürfel zugeben und unter Rühren 1 Minute dünsten. Die **Brühe** angießen, aufkochen und abgedeckt 20–25 Minuten köcheln lassen. • Inzwischen die **Mandelblättchen** in einer Pfanne ohne Fettzugabe goldgelb rösten und auf einem Teller abkühlen lassen. • Das **Mandelmus** zur Suppe geben und mit dem Stabmixer fein pürieren. Je nach gewünschter Konsistenz eventuell etwas mehr **Brühe** zugeben. Mit **Salz, Pfeffer, Cayennepfeffer, Zitronensaft** und **Zitronenschale** abschmecken. • Die Kohlrabisuppe in zwei Schalen füllen und mit Kohlrabiblättchen und gerösteten Mandeln bestreuen.

VG VT LF GF ZF

PHASE 2

Kichererbsensuppe mit Paprika und Estragon

Zubereitung 25 Minuten
Für 2 Personen

1 EL Erdnuss- oder Sonnenblumenöl
80–100 g Zwiebeln, geschält und in Scheiben geschnitten
2 Knoblauchzehen, geschält und grob gehackt
4 EL scharfes Ajvar
1 EL Tahini (Sesammus)
400 g Kichererbsen (aus der Dose; Einwaage)
500 ml Gemüsebrühe
3–4 Stängel Estragon, Blätter abgezupft
Meersalz
schwarzer Pfeffer aus der Mühle

Für das Topping

½ rote Paprikaschote
50–60 g Dinkel-Backerbsen (Fertigprodukt)

Nährwerte pro Person

413 kcal
E 15 g, F 18 g, KH 43 g, B 13 g

Das **Pflanzenöl** in einem großen Topf auf mittlerer Stufe erhitzen. **Zwiebeln** und **Knoblauch** hinzufügen und 2 Minuten unter gelegentlichem Rühren anschwitzen. **Ajvar** und **Tahini** zugeben und alles gut verrühren. Die **Kichererbsen** samt Einmachflüssigkeit in den Topf geben und die **Gemüsebrühe** zugießen. Vom **Estragon** einige Blätter zum Garnieren beiseitelegen. Restlichen Estragon zur Suppenmischung geben, aufkochen, den Deckel aufsetzen und 10 Minuten köcheln lassen. • Währenddessen für das Topping die **Paprika** entkernen und mit einem Sparschäler die Schale von der Paprika abschälen. Dann das Fruchtfleisch fein würfeln. • Die Suppe im Standmixer mit der Funktion »heiße Speisen« glatt mixen. Alternativ mit dem Stabmixer glatt pürieren. Mit **Salz** und **Pfeffer** abschmecken. • Die Kichererbsensuppe auf vier tiefe Teller verteilen. Dann mit Paprikawürfeln, **Dinkel-Backerbsen** und beiseitegelegtem Estragon toppen und servieren.

Kichererbse

Lateinisch »cicer« = Erbse. Wertvoller Vitalstofflieferant mit reichlich Eiweiß. 1 Portion (165 g) deckt den Bedarf an 70 % Folsäure, 65 % Kupfer, 50 % Ballaststoffen, 25 % Eisen und Zink. Antioxidativer Zellschutz durch Flavonoide, Quercetin und Myricetin. Blutzuckerausgleichende Wirkung.

VG VT LF GF ZF

PHASE 2

Feine Erbsen-Minz-Suppe mit marinierten Avocadostücken

Zubereitung 10 Minuten
Für 2 Personen
15 g Ghee (Butterschmalz)
140 g Zwiebeln, geschält, halbiert und in Ringe geschnitten
1 Knoblauchzehe, geschält, halbiert, grüner Keim entfernt, gehackt
230 g feine TK-Erbsen
500 ml Gemüsebrühe
Meersalz
schwarzer Pfeffer aus der Mühle
½ Avocado, entkernt, geschält und gewürfelt
Saft von 1 Limette
½ Handvoll Minzeblätter, gewaschen und grob gehackt, plus 2 Minzestängelspitzen für die Deko

Außerdem
1 Ausstechring (Ø 5–6 cm) zum Anrichten

Nährwerte pro Person
205 kcal
E 10 g, F 10 g, KH 18 g, B 9,5 g

Das **Ghee** stark erhitzen, **Zwiebeln** und **Knoblauch** darin kurz anschwitzen. 180 g **Erbsen** zugeben, durchrühren, mit **Gemüsebrühe** angießen und sofort mit **Salz** und **Pfeffer** würzen. Die Suppe im geschlossenen Topf 5 Minuten kochen lassen. • In der Zwischenzeit für die Einlage die restlichen **Erbsen** 1 Minute in kochendem Wasser garen und abgießen. **Avocadowürfel** mit **Limettensaft,** einer Prise der gehackten **Minze** und etwas **Salz** vermengen. Mit einem Ausstechring (Ø 5–6 cm) in den Suppentellern anrichten. • Die Suppe in einem für heiße Speisen geeigneten Mixer oder mit dem Pürierstab mit der restlichen gehackten **Minze** gut durchmixen. In die Teller geben und die gekochten ganzen Erbsen dazugeben. Mit den **Minzestängelspitzen** dekorieren.

i

Avocado
Lutein als Antioxidans und Schutz vor altersbedingten Krankheiten. Optimale Balance von Omega-3- und Omega-6-Fettsäuren, Vitamine B_6 und K, Kalium, Magnesium und Folsäure. Verbesserung von Hauttonus und -feuchtigkeit durch natürliches Vitamin E als »Creme von innen«.

VG VT LF GF ZF

PHASE 2

Kürbissuppe mit Orangensaft, Ziegenfrischkäse und Kürbiskern-Topping

Zubereitung 20 Minuten plus 25 Minuten Garzeit
Für 2 Personen

Für die Suppe

½ mittelgroßer Hokkaido-Kürbis (350 g Fruchtfleisch)
1 Zwiebel (80 g, geschält 70 g)
10 g Kokosöl (2 TL)
500 ml Gemüsebrühe
150 ml Orangensaft
150 g Ziegenfrischkäse (48 % Fett, Rolle, ohne Rinde)
Salz
schwarzer Pfeffer aus der Mühle
1–2 Prisen Cayennepfeffer

Für das Topping

20 g Kürbiskerne
2 Stängel Dill (3 g Dillspitzen)
2 TL abgeriebene Bioorangenschale
5 ml Kürbiskernöl (1 TL)

Nährwerte pro Person
476 kcal
E 21 g, F 29 g, KH 32 g, B 6 g

Für die Suppe den **Kürbis** putzen, Fasern und Kerne herauskratzen und das Fruchtfleisch abbrausen. Dann in etwa 2 cm große Würfel schneiden. Die **Zwiebel** schälen und hacken. • Das **Kokosöl** in einem Topf erhitzen und die Zwiebeln darin bei mittlerer Hitze glasig andünsten. Den Kürbis zugeben und kurz andünsten. 400 ml **Brühe** angießen, den **Orangensaft** hinzufügen, aufkochen und abgedeckt 25 Minuten köcheln lassen. • Inzwischen für das Topping die **Kürbiskerne** in einer Pfanne ohne Fettzugabe rösten. Abkühlen lassen und hacken. Den **Dill** abbrausen, trocken tupfen und hacken. Kürbiskerne, Dill und **Orangenabrieb** mischen. • Die Suppe mit dem Stabmixer fein pürieren und je nach gewünschter Konsistenz die restliche **Brühe** zugießen. 100 g **Ziegenfrischkäse** einrühren und mit **Salz, Pfeffer** und **Cayennepfeffer** abschmecken. • Die Kürbissuppe in zwei Schalen füllen und mit der Kürbiskernmischung toppen. Den restlichen **Ziegenfrischkäse** zerbröseln und darüberstreuen. Zum Schluss mit dem **Kürbiskernöl** beträufeln.

VG VT LF GF ZF

PHASE 1

Blumenkohl-Curry-Suppe

Zubereitung 15 Minuten plus 12–15 Minuten Garzeit
Für 2 Personen

1 Stück Lauch (möglichst vom festen weißen Teil; geputzt 100 g)
½ Blumenkohl (400 g, geputzt 250 g Blumenkohlröschen)
15 g Kokosöl (3 TL)
1–2 TL Currypulver (alternativ gemahlene Kurkuma und gemahlener Kreuzkümmel (Cumin))
300 ml Gemüsebrühe
20 g Kürbiskerne
100 ml Kokosmilch (70–90 % Kokosnussanteil)
100 ml Milch (3,5 % Fett)
Salz
grüner Pfeffer aus der Mühle
10 ml Limettensaft (2 TL)
50 g griechischer Naturjoghurt (10 % Fett)
½ TL abgeriebene Biolimettenschale

Nährwerte pro Person
272 kcal
E 11 g, F 21 g, KH 10 g, B 6,5 g

Das **Lauchstück** putzen, gründlich waschen, dann längs halbieren und quer in schmale Streifen schneiden. Den **Blumenkohl** putzen und in kleine Röschen teilen. • Das **Kokosöl** in einem Topf erhitzen und den Lauch darin 1 Minute andünsten. Den Blumenkohl zugeben und ebenfalls kurz dünsten. • Mit 1 TL **Currypulver** bestäuben, die **Brühe** angießen und aufkochen. Abgedeckt bei mittlerer Hitze 12–15 Minuten garen. • Inzwischen die **Kürbiskerne** in einer Pfanne ohne Fettzugabe rösten. Abkühlen lassen und grob hacken. • **Kokosmilch** und **Milch** zum Gemüse in den Topf geben und mit dem Stabmixer alles fein pürieren. Mit **Salz, Pfeffer** und nach Belieben mit mehr **Currypulver** abschmecken und den **Limettensaft** zugeben. • Die Blumenkohl-Curry-Suppe in zwei Schalen füllen. Den **Joghurt** mit etwas **Salz** und **Limettenschale** glatt rühren und auf jede Portion einen Klecks setzen. Die Kürbiskerne darüberstreuen.

Frühstück
Salate
Suppen
Fisch
Fleisch
Veggie
Snacks
Drinks

VG VT LF GF ZF

PHASE 1

Riesengarnelen auf Erbsen-Zucchini-Püree

Zubereitung 30 Minuten
Für 2 Personen

Für das Püree

2–3 Schalotten (60 g)
1–2 Knoblauchzehen (5 g)
350 g Zucchini (geputzt 300 g)
3–4 Stängel glatte Petersilie (10 g Blätter)
6 TL Olivenöl extra vergine (30 ml)
100 ml Gemüsebrühe
200 g TK-Erbsen
3 TL glutenfreie Wasabipaste (15 g)
1 TL abgeriebene Biolimettenschale
Salz
grüner Pfeffer aus der Mühle

Für die Garnelen

200 g küchenfertige, geschälte rohe TK-Riesengarnelen, aufgetaut
2 TL Olivenöl extra vergine (10 ml)
1 Spritzer Limettensaft
Salz
grüner Pfeffer aus der Mühle

Nährwerte pro Person

378 kcal
E 28 g, F 23 g, KH 16 g, B 8 g

Für das Püree **Schalotten** und **Knoblauchzehe(n)** schälen und hacken. Die **Zucchini** putzen, waschen und in 2 cm große Stücke schneiden. Die **Petersilie** abbrausen, trocken tupfen und die Blätter hacken. Wasser für die Erbsen zum Kochen bringen. • Das **Öl** in einem Topf erhitzen und die Schalotten darin glasig andünsten. Den Knoblauch kurz mitdünsten, dann die Zucchini zugeben und unter Rühren 1–2 Minuten andünsten. Die **Brühe** angießen, aufkochen und abgedeckt 6 Minuten köcheln lassen. • Inzwischen die **TK-Erbsen** mit kochend heißem Wasser begießen und 5 Minuten ziehen lassen, dann abgießen und zu den Zucchini geben. Noch 1–2 Minuten offen köcheln lassen, bis die Flüssigkeit verkocht ist. • Parallel dazu die **Riesengarnelen** kalt abbrausen und trocken tupfen. Das **Öl** in einer Pfanne erhitzen und die Garnelen darin etwa 4 Minuten braten, sodass sie außen rosig und innen noch glasig sind. • Das Gemüse mit dem Stabmixer nicht zu fein pürieren. **Wasabipaste** und **Limettenschale** einrühren, **salzen** und **pfeffern,** auf zwei Teller verteilen und mit der Petersilie bestreuen. • Die Garnelen mit einem Spritzer **Limettensaft, Salz** und **Pfeffer** würzen und auf oder neben dem Püree anrichten.

VG VT LF GF ZF

PHASE 2

Weltklasse-Flammkuchen mit Lachs

Zubereitung 15–20 Minuten plus 15 Minuten Ruhezeit und 10 Minuten Backzeit
Für 2 Personen

Für den Teig

100 g Dinkelmehl (Type 630)
½ TL Salz
1 EL Olivenöl extra vergine

Für den Belag

100 g Magerquark
100 g Crème fraîche
1 Eigelb (Größe M)
1 EL Olivenöl extra vergine
10 g Dinkelmehl (Type 630)
Meersalz
200 g Lauch (nur weiße Teile), in dünne Ringe geschnitten

Zum Servieren

180 g geräucherter Lachs, klein geschnitten

Außerdem

hitzebeständiges Backpapier
Nudelholz

Nährwerte pro Person
705 kcal
E 37 g, F 40 g, KH 47 g, B 5 g

Einen Brotbackstein oder Pizzastein auf der mittleren Schiene platzieren, alternativ ein umgedrehtes Backblech auf die mittlere Schiene schieben, und den Backofen mindestens 20 Minuten auf 250 °C Ober-/Unterhitze vorheizen. • Für den Teig das **Dinkelmehl** mit dem **Salz** in eine Schüssel oder auf die Arbeitsfläche geben, eine Mulde hineindrücken, **Olivenöl** und 50 ml Wasser hineingießen, vermengen und gut durchkneten, bis der Teig sich schön zu einer Kugel formen lässt. Mit einem Küchentuch abdecken und 15 Minuten ruhen lassen – das ist wichtig. • Für den Belag **Magerquark, Crème fraîche, Eigelb, Olivenöl** und **Dinkelmehl** in eine Schüssel geben und mit einem Schneebesen gut durchrühren, dann etwas **Salz** in die Creme einarbeiten. • Den Teig am besten auf einem Bogen hitzebeständigem Backpapier mit einem Nudelholz sehr dünn ausrollen, sodass ein etwa 28 × 28 cm großes Rechteck entsteht. • Die Quarkcreme gleichmäßig und bis zum Rand auf dem Teig verteilen, die **Lauchringe** etwas auseinanderzupfen und darauf verteilen. Den Flammkuchen mit dem Backpapier und mithilfe eines Backblechs auf den heißen Stein oder auf das heiße Backblech im Ofen ziehen und 10 Minuten knusprig backen. • Herausnehmen, in Stücke schneiden und genießen. Den klein geschnittenen **Räucherlachs** dazu servieren.

VG VT LF GF ZF

PHASE 2

Fisch-Tacos mit Chili-Limetten-Schmand-Dip

Zubereitung 20 Minuten
Für 2 Personen

Für die Tacos

4 Tortillas (à 30 g, Ø 15 cm) oder 3 Vollkorn-Chapati (à 40 g)
½ EL Butterschmalz
300 g fester weißfleischiger Fisch (z. B. Rotbarsch), halbiert
Meersalz
6–8 mittelgroße Romanasalatblätter (insgesamt ca. 120 g), längs halbiert
je ½ rote und gelbe Paprikaschote (à 100–120 g), in dünne Streifen geschnitten
½ Minisalatgurke (50–60 g), in lange Streifen geschnitten

Für den Dip

200 g Schmand
1 frische rote Chilischote, entkernt und fein gewürfelt
Saft von 1 Limette
Meersalz
schwarzer Pfeffer aus der Mühle

Nährwerte pro Person
654 kcal
E 38 g, F 37 g, KH 41 g, B 6 g

Den Backofen auf 175 °C Umluft vorheizen. • Für die Tacos die **Tortillas** in Alufolie schlagen und nach Packungsangaben (wichtig!) im vorgeheizten Ofen aufbacken (siehe Tipp). Das dauert je nach Sorte 12–15 Minuten. • In der Zwischenzeit für den Dip den **Schmand** mit **Chiliwürfeln** und **Limettensaft** verrühren, mit **Salz** und **Pfeffer** würzen und beiseitestellen. • Das **Butterschmalz** in einer Pfanne erhitzen. Den **Fisch** leicht **salzen** und im heißen Fett bei mittlerer Hitze von beiden Seiten insgesamt 4–5 Minuten garen. • Die Hälfte des Dips mittig auf die Tortillas streichen. **Romanasalatblätter, Paprika, Gurken** und Fisch daraufschichten. Den restlichen Dip dazugeben und aufrollen. • Die Fisch-Tacos nach Belieben halbieren, auf zwei Tellern anrichten und servieren.

TIPP VON DOC FLECK

Wurden Tortillas zu lange erhitzt oder bleiben sie nach dem Backen zu lange liegen, können sie schnell trocken werden. Deshalb sollte man sich genau an die Zubereitungsangaben auf der Verpackung halten.

VG VT LF GF ZF

PHASE 2

Süßkartoffel-Fisch-Curry mit Zitronengras

Zubereitung 35 Minuten
Für 2 Personen

2 rote Paprikaschoten (insgesamt 350 g, geschält und geputzt 200 g)
½ großer Brokkoli (300 g, geputzt 200 g Brokkoliröschen)
1 kleine Süßkartoffel (200 g, geschält 150 g)
1 frische große rote Chilischote (geputzt 20 g)
1 Stängel Zitronengras (geputzt 15 g)
1 kleines Bund Koriandergrün (15 g Stängel und Blätter)
250 g Seelachsfilet
25 g Kokosöl (5 TL)
100 ml Kokosmilch (70–90 % Kokosnussanteil)
150–200 ml Gemüsebrühe
½ TL Delikatess-Paprikapulver
1–2 Prisen gemahlener Kreuzkümmel (Cumin)
1–2 Prisen Currypulver
Salz
schwarzer Pfeffer aus der Mühle
100 g Doppelrahmfrischkäse

Außerdem

Wok

Die **Paprikaschoten** schälen, halbieren, entkernen, abbrausen und 2 cm groß würfeln. Den **Brokkoli** in kleine Röschen teilen, abbrausen und abtropfen lassen. Die **Süßkartoffel** schälen und 1,5 cm groß würfeln. Die **Chilischote** längs halbieren, entkernen, abbrausen und hacken. • Vom **Zitronengras** die äußeren harten Hüllen entfernen und den unteren Teil auf einer scharfen Reibe zerkleinern. Das **Koriandergrün** abbrausen und trocken tupfen, dann die Stängel fein hacken, die Blätter ganz lassen. • Das **Seelachsfilet** kalt abspülen, trocken tupfen und 2–3 cm groß würfeln. • Das **Kokosöl** in einem Wok erhitzen und die Paprika darin bei mittlerer bis hoher Hitze unter Rühren 2 Minuten braten. Brokkoli und Süßkartoffeln zugeben und 1 Minute rührbraten. • **Kokosmilch** und 150 ml **Brühe** angießen und aufkochen. Das Zitronengras zufügen. Abgedeckt bei knapp mittlerer Hitze 4 Minuten köcheln lassen. • Gehackte Korianderstängel, **Paprikapulver, Kreuzkümmel** und **Currypulver** dazugeben und mit **Salz** und **Pfeffer** würzen. Den **Frischkäse** einrühren und, falls nötig, die restliche **Brühe** zugießen. Die Fischwürfel auf das Curry legen, leicht eindrücken und 2–3 Minuten gar ziehen lassen. • Das Süßkartoffel-Fisch-Curry auf zwei Schalen verteilen, mit gehackter Chili und Korianderblättern bestreuen und sofort servieren.

Nährwerte pro Person

568 kcal – E 31 g, F 37 g, KH 27 g, B 10 g

VG VT LF GF ZF

PHASE 1

Lachs auf Pfannengemüse mit Ingwer

Zubereitung 30 Minuten
Für 2 Personen

2–3 möglichst dickere Karotten (insgesamt 250 g, geschält 200 g)
20 g frische Ingwerwurzel (geschält 15 g)
100 g Zuckerschoten (geputzt 90 g)
1 Lauchstange (davon nur den weißen und hellgrünen Teil; 150 g)
10 g geschälte Sesamsaat (3 TL)
280 g dickes Lachsfilet aus der Mitte (ohne Haut; geputzt 250 g)
30 ml Erdnuss- oder Sonnenblumenöl (6 TL)
30 ml glutenfreie Sojasoße (z. B. Tamari; 6 TL)
grüner Pfeffer aus der Mühle
10 ml geröstetes Sesamöl (2 TL)
Flockensalz
1 kleines Bund Koriandergrün (15 g)

Nährwerte pro Person
453 kcal
E 30 g, F 31 g, KH 14 g, B 6,5 g

Die **Karotten** schälen und auf einer Julienne-Reibe in feinste Stifte hobeln. Den **Ingwer** schälen und ebenfalls in Julienne-Streifen hobeln. • Die **Zuckerschoten** waschen und putzen. Jeweils vier bis fünf übereinanderlegen und schräg in dünne Streifen schneiden. Den **Lauch** gründlich waschen, längs halbieren und quer in 2 mm feine Streifen schneiden. • Den **Sesam** in einer Pfanne ohne Fettzugabe goldgelb rösten, dann herausnehmen und abkühlen lassen. • Vom **Lachsfilet** eventuelle restliche Gräten sowie das graue Fett entfernen. Kalt abbrausen, trocken tupfen und in zwei gleich große Stücke schneiden. • Das **Öl** in einer großen Pfanne erhitzen. Lauch und Ingwer darin bei mittlerer Hitze 1 ½ Minuten rührbraten. An den Pfannenrand schieben, die Karottenstifte zugeben und 2 Minuten rührbraten. Die Zuckerschoten einrühren und 1 Minute rührbraten. Die **Sojasoße** darübergießen, mit **Pfeffer** würzen und den Pfanneninhalt gut mischen. • Die Hitze auf niedrige Stufe reduzieren, die Lachsstücke auf das Pfannengemüse legen, mit dem **Sesamöl** beträufeln und mit **Flockensalz** bestreuen. Den Deckel auflegen und den Lachs je nach Dicke 3–5 Minuten garen, sodass er innen noch glasig ist. • Inzwischen das **Koriandergrün** abbrausen, trocken tupfen und mit den zarten Stielen hacken. • Das fertige Gericht auf zwei Tellern anrichten, mit Sesam und Koriander bestreuen und sofort servieren.

»Nudeln« aus Gemüse – wie die »Zoodles« aus Zucchini – haben sehr wenige Kalorien, sind ein köstlicher Low-Carb-Genuss und sehr gesund.

PHASE 2

Asiatisches Curry mit Gemüsenudeln

Zubereitung 30 Minuten
Für 2 Personen

1 Stück weißer Rettich (ca. 300 g, ergibt 200 g Rettichnudeln)
2 dicke Karotten (insgesamt ca. 300 g, ergibt 200 g Karottennudeln)
2–3 Frühlingszwiebeln (geputzt 30 g)
1 frische rote Chilischote (geputzt 15 g)
1 Stängel Zitronengras (geputzt 15 g)
10 g Koriandergrün (Stiele und Blätter)
½ Dose Kichererbsen (130 g Abtropfgewicht)
200 g rohe Bioriesengarnelen, ausgelöst und Darmfäden entfernt
30 g Kokosöl (6 TL)
10 g Tomatenmark (2 TL)
10 g rote Thai-Currypaste oder scharfes Currypulver (2 TL)
150 ml Kokosmilch (70–90 % Kokosnussanteil)
100 ml Gemüsebrühe
5–10 ml Limettensaft (1–2 TL)
1 TL abgeriebene Biolimettenschale
Salz

Außerdem
Spiralschneider
Wok

Rettich und **Karotten** schälen, abbrausen und mit dem Spiralschneider zu feinen Zoodles verarbeiten. • Die **Frühlingszwiebeln** putzen, dann weiße und grüne Teile separat in dünne Ringe schneiden. Die **Chilischote** längs halbieren, entkernen, abbrausen und hacken. • Vom **Zitronengras** die äußeren harten Hüllen entfernen und den unteren Teil auf einer scharfen Reibe zerkleinern. Das **Koriandergrün** abbrausen und trocken tupfen. Dann die Stiele fein hacken, die Blätter ganz lassen. • **Die Kichererbsen** in ein Sieb geben, gründlich abbrausen und abtropfen lassen. Die **Garnelen** kalt abbrausen und trocken tupfen. • Das **Kokosöl** im Wok erhitzen und die Garnelen darin bei mittlerer bis hoher Hitze 1 Minute rundum anbraten, bis sie sich gerade rosa färben. Herausnehmen. • Weiße Frühlingszwiebelringe, Korianderstiele und Gemüsenudeln zugeben und 1 Minute bei hoher Hitze rührbraten. An den Rand schieben. **Tomatenmark** und **Currypaste** anrösten, mit **Kokosmilch** und **Brühe** ablöschen, dabei ständig rühren. Zitronengras und Kichererbsen zugeben, aufkochen und 2 Minuten unter Rühren garen. • Die Hitze reduzieren und die Garnelen hineinlegen. Abgedeckt 2 weitere Minuten simmern lassen, bis die Garnelen gar, aber innen noch glasig und die Gemüsenudeln bissfest sind. • Das Curry vom Herd nehmen, grüne Frühlingszwiebelringe, Chili, **Limettensaft** und **-schale** einrühren und mit **Salz** abschmecken. Mit Chili und Korianderblättern bestreuen und sofort servieren.

Nährwerte pro Person
502 kcal – E 27 g, F 34 g, KH 21 g, B 10 g

VG VT LF GF ZF

PHASE 2

Sommerrollen mit Asia-Dip

Zubereitung 35 Minuten
Für 2 Personen

Für die Rollen

100 g gegarte, geschälte Biogarnelen (ca. 18 Stück)
10 ml Limettensaft (2 TL)
½ TL abgeriebene Biolimettenschale
1 große Karotte (125 g, geschält 100 g)
15 ml geröstetes Sesamöl (3 TL)
Salz
2–3 Frühlingszwiebeln (geputzt 40 g)
1 Minigurke (50 g mit Schale)
4 TL geschälte Sesamsaat (15 g)
1 kleines Bund Koriandergrün (15 g mit Stielen)
6 große oder 12 kleine Minzeblätter (5 g)
6 Blätter Reispapier (à 7,5 g, Ø 20–22 cm)

Für den Dip

5 g Kokosblütensirup (1 TL)
20 ml glutenfreie Sojasoße (z. B. Tamari; 4 TL)
15 ml Limettensaft (3 TL)
½ TL abgeriebene Biolimettenschale
5 ml geröstetes Sesamöl (1 TL)
1–2 Prisen Chiliflocken

Für die Rollen die **Garnelen** kalt abbrausen und trocken tupfen. Mit **Limettensaft** und **-schale** mischen und bis zur Verwendung kalt stellen. • Die **Karotte** schälen, abbrausen und auf einer Julienne-Reibe in feinste Stifte hobeln. Mit dem **Sesamöl** mischen und leicht **salzen.** Die **Frühlingszwiebeln** putzen, quer dritteln und längs in dünne Streifen schneiden. Die **Gurke** waschen und längs in Streifen schneiden. Den **Sesam** in einer kleinen Pfanne ohne Fettzugabe goldgelb rösten. Die **Kräuter** abbrausen und trocken tupfen. • Ein **Reisblatt** in einen tiefen Teller mit lauwarmem Wasser legen und weich werden lassen; das dauert 45–60 Sekunden. Auf einen flachen Teller legen und mit Küchenpapier leicht abtupfen. In die Mitte einen etwa 4 × 10 cm breiten Streifen Karotten-Julienne legen und etwas Sesam darüberstreuen. Darauf Frühlingszwiebel- und Gurkenstreifen legen, dann Garnelen und Kräuter – dabei jeweils ein Sechstel der Zutatenmengen verwenden. • Von unten her das weiche Reispapier über die Füllung ziehen, die Seiten einschlagen und so fest wie möglich aufrollen. Mit der Nahtstelle nach unten auf einen Teller legen. Mit den restlichen Zutaten auf die gleiche Weise verfahren und insgesamt sechs Rollen erstellen. Bis zum Servieren mit Frischhaltefolie abdecken, damit das Reispapier nicht trocknet. • Für den Dip **Kokosblütensirup** und **Sojasoße** mit **Limettensaft, -schale** und **Sesamöl** verrühren. Nach Geschmack die **Chiliflocken** dazugeben. • Die Sommerrollen mit dem Asia-Dip servieren.

Nährwerte pro Person
309 kcal – E 15 g, F 15 g, KH 30 g, B 4 g

VG VT LF GF ZF

PHASE 2

Wolfsbarschfilet auf Belugalinsen-Gemüse

Zubereitung 30 Minuten
Für 2 Personen

Für das Linsengemüse
60 g Belugalinsen
60 g Karotte
60 g Petersilienwurzel oder Pastinake
60 g Zwiebel
½ Stange Staudensellerie
20 g Butter
1 Zweig Rosmarin, Nadeln gehackt
Meersalz
schwarzer Pfeffer aus der Mühle
120–130 ml Gemüsebrühe
1 EL milder Weißweinessig

Für den Fisch
2 Wolfsbarschfilets, eventuelle restliche Gräten entfernt und Fisch in 4 Stücke geschnitten
½ TL Sonnenblumenöl
Meersalz
2 Zweige Rosmarin

Nährwerte pro Person
248 kcal
E 27 g, F 6 g, KH 18 g, B 16 g

Für das Linsengemüse die **Linsen** in ein Sieb geben und kurz unter fließendem kaltem Wasser abbrausen. • Mit 250 ml Wasser in einen Topf geben (nicht salzen), zum Kochen bringen und 18–20 Minuten köcheln lassen. In ein Sieb abgießen, unter fließendem kaltem Wasser abbrausen und abtropfen lassen. • Währenddessen **Karotte, Petersilienwurzel, Zwiebel** und **Sellerie** schälen beziehungsweise putzen und in Stücke schneiden. Dann das Gemüse im elektrischen oder mit einem manuellen Zerhacker zerkleinern. • Die **Butter** auf mittlerer Stufe in einem Topf erhitzen, zerkleinertes Gemüse und **Rosmarin** hineingeben und 2–3 Minuten anschwitzen. Mit **Salz** und **Pfeffer** würzen, dann die **Brühe** angießen, abdecken und 4–5 Minuten köcheln lassen, dabei zwischendurch umrühren. Abgetropfte Linsen und **Essig** zugeben, aufkochen und eventuell nachwürzen. • Für den Fisch die **Filets** unter fließendem kaltem Wasser abbrausen und trocken tupfen. Die Hautseite jeweils zweimal einschneiden. • Eine beschichtete Pfanne auf mittlerer Stufe erhitzen. Das **Sonnenblumenöl** darin ausstreichen und heiß werden lassen. Die Fleischseite der Fischstücke leicht **salzen,** dann mit der Hautseite in die Pfanne legen und etwa 2 Minuten braten. Den Fisch wenden, den **Rosmarin** in die Pfanne geben und 30 Sekunden weiterbraten. Vom Herd nehmen und 1–2 Minuten in der Pfanne ruhen lassen. • Das Belugalinsen-Gemüse auf zwei Teller verteilen, die Wolfsbarschfilets darauf anrichten und servieren.

VG VT LF GF ZF

PHASE 1

Kabeljau auf Ratatouille

Zubereitung 35 Minuten
Für 2 Personen

1 Aubergine (280 g, geputzt 250 g)
Salz
1 rote Paprikaschote (200 g, geschält und geputzt 140 g)
1–2 Zucchini (220 g, geputzt 200 g)
1 rote Zwiebel (60 g, geschält 50 g)
1–2 Knoblauchzehen (geschält 5 g)
2 Zweige Rosmarin (2–3 g Nadeln)
4–5 Zweige Thymian (1–2 g Blätter)
30 ml Erdnuss- oder Sonnenblumenöl (6 TL)
20 g Tomatenmark (4 TL)
150 ml Gemüsebrühe
schwarzer Pfeffer aus der Mühle
1–2 Prisen Chiliflocken
250 g Kabeljaufilet
½ Bund glatte Petersilie (10 g Blätter)
50 g Crème fraîche

Nährwerte pro Person
400 kcal
E 29 g, F 26 g, KH 13 g, B 8 g

Die **Aubergine** putzen, waschen und längs in 1 cm dicke Scheiben schneiden oder hobeln. Die Scheiben erst in Streifen schneiden, dann würfeln, mit **Salz** bestreuen und beiseitestellen. • Die **Paprikaschote** schälen, entkernen, waschen und 1 cm groß würfeln. **Zucchini** putzen, waschen und ebenfalls 1 cm groß würfeln. **Zwiebel** und **Knoblauchzehe(n)** schälen und hacken. **Rosmarin** und **Thymian** abbrausen, trocken tupfen, die Nadeln/Blätter abzupfen und hacken. Auberginenwürfel abbrausen und gut ausdrücken. • Das **Öl** in einem Topf erhitzen und die Zwiebeln darin 2 Minuten andünsten. Auberginen dazugeben und bei gut mittlerer Hitze 3 Minuten unter Rühren anbraten. Die Paprika hinzufügen und 2 Minuten mitbraten. Dann die Zucchini mit Knoblauch, Rosmarin und Thymian einrühren und weitere 2 Minuten braten. • Das Gemüse an den Pfannenrand schieben, das **Tomatenmark** in die Mitte geben, anrösten und mit der **Brühe** ablöschen. Aufkochen, den Deckel aufsetzen und 4–5 Minuten köcheln lassen. Mit **Salz, Pfeffer** und **Chiliflocken** würzen. • Das **Fischfilet** kalt abbrausen, trocken tupfen, dann in große Würfel schneiden und eventuelle restliche Gräten dabei entfernen. Mit **Salz** und **Pfeffer** würzen. Die Fischwürfel auf die Ratatouille geben und abgedeckt bei niedriger Hitze 5 Minuten gar ziehen lassen. • Inzwischen die **Petersilie** abbrausen, trocken tupfen und hacken. • Das Gericht mit der Petersilie bestreuen, in zwei tiefe Teller füllen und auf jede Portion einen Klecks **Crème fraîche** setzen.

VG VT LF GF ZF

PHASE 1

Thunfisch-Bowl

Zubereitung 20 Minuten
Für 2 Personen
3 Eier (Größe M)
15 ml Zitronensaft (3 TL)
Salz
schwarzer Pfeffer aus der Mühle
30 ml mildes Olivenöl extra vergine (6 TL)
3–4 Stängel Dill (5 g Dillspitzen)
3–4 Minigurken (125 g)
1 Glas oder 1 Dose Thunfisch im eigenen Saft (125 g Abtropfgewicht)
125 g Cocktailtomaten
30 g entsteinte grüne Oliven
30 g Silberzwiebeln (aus dem Glas)
3–4 Stängel glatte Petersilie (7 g Blätter)
⅓ Kästchen Gartenkresse

Nährwerte pro Person
382 kcal
E 28 g, F 21 g, KH 5 g, B 2 g

Die **Eier** in einem Topf mit kochendem Wasser 7 Minuten wachsweich oder 10 Minuten hart kochen. Dann kalt abschrecken, pellen und halbieren oder vierteln. • Inzwischen die Hälfte des **Zitronensafts** mit **Salz, Pfeffer** und 15 ml **Öl** in einer Schüssel verrühren. Den **Dill** abbrausen, trocken tupfen, die Dillspitzen hacken und untermischen. Die **Gurken** waschen, längs vierteln, in kleine Stücke schneiden und einrühren. • Den **Thunfisch** abtropfen lassen und zerpflücken. In eine Schüssel geben, mit restlichem **Zitronensaft** und restlichem **Öl** beträufeln und vermischen. • Die **Tomaten** waschen, halbieren und die Stielansätze wegschneiden. Die **Oliven** in Ringe schneiden. Die **Silberzwiebeln** abtropfen lassen. • Die **Petersilie** abbrausen, trocken tupfen und hacken. Die **Gartenkresse** vom Beet schneiden, abbrausen und trocken tupfen. • Gurkensalat und Tomaten in zwei Bowls nebeneinander anrichten. Eier und Thunfisch daraufsetzen und mit Oliven und Silberzwiebeln bestreuen. Petersilie und Kresse darübergeben und servieren.

Frühstück
Salate
Suppen
Fisch

Fleisch

Veggie
Snacks
Drinks

VG VT LF GF ZF

PHASE 1

Karottennudeln mit Kräutern, Nüssen und Hähnchenfilet

Zubereitung 25 Minuten
Für 2 Personen

2 Hähnchenbrustfilets ohne Haut (à 150 g)
4 TL Olivenöl extra vergine (20 ml)
Salz
schwarzer Pfeffer aus der Mühle
4–5 Stängel Dill (10 g Spitzen)
1 kleines Bund glatte Petersilie (15 g Blätter)
30 g Pekannusskerne
1 TL abgeriebene Biozitronenschale
300 g möglichst dicke Karotten (geschält 250 g)
einige Spritzer Zitronensaft

Außerdem
Auflaufform
Spiralschneider

Nährwerte pro Person
380 kcal
E 38 g, F 23 g, KH 8 g, B 6 g

Den Backofen auf 120 °C Ober-/Unterhitze vorheizen und dabei eine Auflaufform hineinstellen. • Die **Hähnchenbrustfilets** abbrausen und trocken tupfen, sichtbares Fett und Sehnen entfernen. 1 TL **Öl** in einer Pfanne erhitzen. Das Fleisch **salzen** und von jeder Seite 1 ½ Minuten goldbraun anbraten. Dann in die Auflaufform geben, **pfeffern** und im vorgeheizten Ofen 12–15 Minuten fertig garen. Herausnehmen, locker in Alufolie einschlagen und kurz ruhen lassen. • Inzwischen die **Kräuter** abbrausen, trocken tupfen und die Blätter beziehungsweise Spitzen hacken. Die **Pekannüsse** grob hacken, mit Kräutern und **Zitronenschale** mischen und beiseitestellen. Die **Karotten** schälen, abbrausen und mit dem Spiralschneider in dünne »Nudeln« schneiden. • Das restliche **Öl** in einem Wok oder einer großen Pfanne erhitzen und die Karottennudeln darin 5–6 Minuten rührbraten – sie sollten noch etwas Biss haben. **Salzen, pfeffern** und die Kräutermischung unterheben. • Die Hähnchenfilets aus der Folie nehmen, Fleischsaft, der sich gebildet hat, zu den Karotten geben. Das Fleisch aufschneiden, mit dem **Zitronensaft** beträufeln und mit den Karottennudeln auf zwei Tellern anrichten.

VG VT LF GF ZF

PHASE 2

Nudeln aus Erbsenmehl mit Brokkoli und Hähnchenbruststreifen

Zubereitung 30 Minuten
Für 2 Personen

350 g Brokkoli (geputzt 300 g)
2 Hähnchenbrustfilets ohne Haut (à 125 g)
1 kleines Bund Koriandergrün (15 g Blätter und zarte Stiele)
Salz
75 g Nudeln oder Reis aus Erbsenmehl
6 TL Olivenöl extra vergine (30 ml)
4 TL glutenfreie Sojasoße (z. B. Tamari; 20 ml)
schwarzer Pfeffer aus der Mühle
2 TL Limettensaft (10 ml)
1 TL abgeriebene Biolimettenschale
1 Prise Chiliflocken

Nährwerte pro Person
334 kcal
E 20 g, F 1,8 g, KH 55 g, B 7,5 g

Den **Brokkoli** putzen und waschen. Den dicken Stiel und die kleinen Stiele von den Röschen trennen und im Blitzhacker grob zerkleinern. Die Röschen mit dem Messer klein hacken. Die **Hähnchenbrustfilets** kalt abbrausen, trocken tupfen und in kleinfingergroße Streifen schneiden. Das **Koriandergrün** abbrausen, trocken tupfen und grob hacken. • Wasser zum Kochen bringen, etwas **Salz** und die **Erbsenmehlnudeln** dazugeben, 6–10 Minuten oder nach Packungsanweisung kochen, abgießen und warm halten. • Inzwischen in einer großen Pfanne 4 TL **Öl** erhitzen und die zerkleinerten Brokkolistiele darin 2–3 Minuten rührbraten. Die Brokkoliröschen dazugeben und weitere 3–4 Minuten braten. • Parallel dazu in einer zweiten Pfanne das restliche **Öl** erhitzen und die Hähnchenstreifen darin 4–5 Minuten goldbraun braten. Mit der **Sojasoße** ablöschen und **pfeffern.** • Nun die Erbsenmehlnudeln zum Brokkoli geben. Bis auf 1 EL den Koriander einrühren, mit **Salz, Pfeffer, Limettensaft** und **Limettenschale** abschmecken und auf zwei Teller verteilen. Die Hähnchenstreifen darauf anrichten und mit **Chiliflocken** und restlichem Koriander bestreuen.

Mandarine
Mandarinen beeindrucken mit Vitaminreichtum (Vitamine C, B_1, B_6, Folsäure) und hohem Ballaststoffgehalt, außerdem mit Kalium, Calcium und Phosphor. Durch viel Fruchtsäure individuell verträglich. Das Entfernen der weißen Schutzschicht unter der Schale ist empfohlen.

VG VT LF GF ZF

PHASE 1

Geflügelfrikadellen mit Salat und gebratener Mandarine

Zubereitung 13–15 Minuten
Für 2 Personen
(ergibt 4 Frikadellen)

Für den Salat

1 Handvoll Salatblätter (z. B. Brunnenkresse, Wildkräutersalat oder Blattsalatmischung)
1 EL milder Essig mit Restsüße
Meersalz
1–2 EL Olivenöl extra vergine

Für Frikadellen und Mandarinen

300 g Hähnchenbrustfilet, Fett und Sehnen entfernt und Fleisch in walnussgroße Stücke geschnitten
½ Bund Petersilie, grob gehackt, plus etwas fein gehackte Petersilie zum Garnieren (nach Belieben)
Meersalz
schwarzer Pfeffer aus der Mühle
1 EL Erdnussöl
2 Biomandarinen

Außerdem

Speisering (Ø 7–9 cm)

Die **Salatblätter** waschen und trocken schleudern. Beiseitestellen. • Für die Frikadellen die **Hähnchenbruststücke** mit **Petersilie, Salz** und **Pfeffer** in den elektrischen Zerhacker geben und mit dem Puls-Modus zu einer feinen Masse mixen – das dauert etwa 1 Minute. • Den Speisering auf Backpapier legen. Ein Viertel der Fleischmasse in den Ring geben und mit einem in Wasser getauchten Löffel glatt streichen. Den Ring abziehen und auf die gleiche Weise drei weitere Frikadellen formen. Alternativ die Fleischmasse in vier gleich große Portionen teilen und mit feuchten Händen zu Frikadellen formen. • Eine Pfanne auf mittlerer bis hoher Stufe erhitzen. Das **Erdnussöl** hineingießen und heiß werden lassen. Die Frikadellen darin von beiden Seiten insgesamt 4–5 Minuten braten. Die **Mandarinen** waschen und waagerecht halbieren. Nach dem Wenden der Frikadellen die Mandarinen mit den Schnittflächen nach unten in die Pfanne geben und mitbraten. • Den Salat auf zwei Teller verteilen, mit dem **Essig** beträufeln, mit etwas **Salz** würzen und das **Olivenöl** darübergeben. Die Frikadellen mit den Mandarinenhälften daneben anrichten, nach Belieben mit **Petersilie** garnieren und servieren.

Nährwerte pro Person

267 kcal – E 38 g, F 7 g, KH 11 g, B 3 g

VG VT LF GF ZF

PHASE 2

Hähnchen-Tacos mit Tomatensalsa und Knoblauchcreme

Zubereitung 20 Minuten
Für 2 Personen

Für die Tacos

30 g Pinienkerne
4 Tortillas (à 30 g, Ø 15 cm; z. B. Mais-Tortillas)
180 g Hähnchenbrustfilet
½ EL Erdnussöl
6–8 mittelgroße Romanasalatblätter (insgesamt ca. 120 g), längs halbiert

Für die Creme

180 g griechischer Naturjoghurt (10 % Fett)
1 Knoblauchzehe
20 Minzeblätter
Meersalz
schwarzer Pfeffer aus der Mühle

Für die Salsa

1 Fleischtomate (280–300 g)
40 g Schalotte, fein gewürfelt
1 EL Olivenöl extra vergine
Meersalz
schwarzer Pfeffer aus der Mühle

Nährwerte pro Person
555 kcal
E 36 g, F 26 g, KH 42 g, B 5 g

Den Backofen auf 175 °C Umluft vorheizen. • Für die Tacos die **Pinienkerne** in einer Pfanne ohne Fettzugabe rösten und beiseitestellen. • Für die Creme den **Joghurt** in eine Schüssel geben und die **Knoblauchzehe** durch eine Knoblauchpresse hineindrücken. Zehn **Minzeblätter** übereinanderlegen, in sehr feine Streifen schneiden und zugeben. Alles vermengen und die Knoblauchcreme mit **Salz** und **Pfeffer** abschmecken. • Die Tortillas in Alufolie schlagen und nach Packungsangaben im vorgeheizten Ofen aufbacken. Das dauert je nach Sorte 12–15 Minuten. • Währenddessen eine Grillpfanne vorheizen. Die **Hähnchenbrust** mit dem **Erdnussöl** bestreichen und in der heißen Pfanne bei mittlerer Hitze von beiden Seiten insgesamt 8–10 Minuten grillen. Dann längs in Streifen schneiden. • Inzwischen für die Salsa die **Tomate** mit einem Sparschäler schälen, in kleine Würfel schneiden, in ein Sieb geben und 3–4 Minuten abtropfen lassen. Die Tomatenwürfel mit den **Schalotten** in eine kleine Schüssel geben, das **Olivenöl** zugießen, die Tomatensalsa mit **Salz** und **Pfeffer** würzen und vermengen. • Die warmen Tortillas mit Knoblauchcreme, **Romanasalatblättern,** Hähnchen, Tomatensalsa, restlichen **Minzeblättern** und gerösteten Pinienkernen füllen. Je zwei Tacos auf zwei Teller setzen und sofort genießen.

VG VT LF GF ZF

PHASE 2

Lammfilets mit roten Linsen und Mango

Zubereitung 15–20 Minuten
Für 2 Personen

Für Linsen und Mango
120 g rote Linsen
½ EL Olivenöl extra vergine
50 g Zwiebel, fein gewürfelt
200 ml Gemüsebrühe
Meersalz
schwarzer Pfeffer aus der Mühle
½ Mango (ca. 250 g)
10–12 Minzeblätter

Für das Fleisch
4 Lammfilets (à ca. 60 g)
1 TL Erdnussöl

Nährwerte pro Person
532 kcal
E 51 g, F 13 g, KH 48 g, B 7 g

Für das Linsengemüse die **Linsen** in ein Sieb geben, unter fließendem kaltem Wasser gut abbrausen und abtropfen lassen. • Das **Olivenöl** in einen Topf geben, **Zwiebeln** zufügen und bei mittlerer Hitze 2 Minuten anschwitzen. Die Linsen hineingeben, die **Brühe** zugießen, aufkochen und bei mittlerer Hitze 4–5 Minuten garen. Mit **Salz** und **Pfeffer** abschmecken. Vom Herd nehmen, den Deckel auflegen und bis zum Anrichten etwas ruhen lassen. • Während der Linsengarzeit für das Fleisch eine Grillpfanne gut vorheizen. Die **Lammfilets** mit dem **Erdnussöl** bestreichen und in der heißen Pfanne bei mittlerer Hitze insgesamt 2–3 Minuten rundum braten. Die Lammfilets auf ein Holzschneidebrett legen, mit einer Edelstahlschüssel abdecken und 3–5 Minuten ruhen lassen. • Währenddessen die **Mango** gegebenenfalls entsteinen, schälen und in Scheiben schneiden. • Das Linsengemüse auf zwei Teller verteilen, die Lammfilets mit den Mangoscheiben daneben anrichten, **Minze** darüberstreuen und servieren.

VG VT LF GF ZF

PHASE 2

Kohlrabirisotto mit Rinderhackfleisch

Zubereitung 20 Minuten
Für 2 Personen
25 g Pinienkerne
2 Kohlrabi (insgesamt 750–800 g)
1 EL Kokosöl
2 Zweige Rosmarin, Nadeln fein gehackt
250 g Rinderhackfleisch
80 g Schalotten, fein gewürfelt
170 ml Gemüsebrühe
120 g Sahne
1 TL Speisestärke, mit 2–3 EL kaltem Wasser angerührt
30 g Parmesan, fein gerieben
Meersalz
schwarzer Pfeffer aus der Mühle
4–5 Radieschen (insgesamt 60–75 g), klein gewürfelt
30 g Rucola, grob gehackt

Nährwerte pro Person
731 kcal
E 44 g, F 50 g, KH 23 g, B 8 g

Die **Pinienkerne** in einer Pfanne ohne Fettzugabe anrösten und beiseitestellen. • Die **Kohlrabi** schälen, in dünne Scheiben schneiden, die Scheiben in Streifen schneiden und diese in 4–5 mm große Würfel schneiden. • Das **Kokosöl** in einem Topf erhitzen. Die Kohlrabiwürfel mit dem **Rosmarin** zugeben und bei hoher Hitze unter Rühren 3–4 Minuten anbraten. • Das **Rinderhackfleisch** mit den **Schalotten** zugeben und 2 Minuten mitbraten, dabei zwischendurch gut durchrühren. Die Pinienkerne dazugeben, mit der **Brühe** ablöschen und aufkochen. Den Deckel aufsetzen und bei mittlerer Hitze 4–5 Minuten köcheln lassen. • Die **Sahne** zugießen, aufkochen, die aufgelöste **Speisestärke** einrühren und binden, sodass eine cremige Konsistenz entsteht. Vom **Parmesan** 1 EL abnehmen und zum Garnieren beiseitestellen. Restlichen Parmesan zum Risotto geben, vermengen und mit **Salz** und **Pfeffer** abschmecken. • Das Risotto auf zwei tiefe Teller verteilen, mit **Radieschen** und **Rucola** bestreuen, mit dem beiseitegestellten Parmesan garnieren und servieren.

VG VT LF GF ZF

PHASE 1

Paprika-Hackfleisch-Pfanne mit Bohnen und Feta

Zubereitung 25 Minuten
Für 2 Personen
200 g grüne Bohnen (geputzt 175 g)
Salz
1 Msp. Backpulver oder Natron
200 g Pastinake (geschält 150 g)
1 rote Paprikaschote (175 g, geschält und geputzt 125 g)
10 ml Erdnussöl (2 TL)
200 g Rinderhackfleisch
15 ml glutenfreie Sojasoße (z. B. Tamari; 3 TL)
15 g Tomatenmark (3 TL)
100 ml Milch (3,5 % Fett)
1 TL Delikatess-Paprikapulver
1–2 Prisen gemahlener Kreuzkümmel (Cumin)
schwarzer Pfeffer aus der Mühle
50 g Feta (48 % Fett)

Nährwerte pro Person
441 kcal
E 28 g, F 31 g, KH 12 g, B 5 g

Wasser in einem Topf zum Kochen bringen. Die **Bohnen** putzen, dritteln, abbrausen und mit etwas **Salz** und **Backpulver** (für die grüne Farbe) ins kochende Wasser geben. 5–8 Minuten garen, dann in ein Sieb abgießen. • Inzwischen die **Pastinake** schälen und etwa 1,5 cm groß würfeln. Die **Paprikaschote** schälen, vierteln, entkernen, waschen und in 2 cm große Stücke oder in Streifen schneiden. • Das **Öl** in einer großen Pfanne erhitzen. Die Pastinake dazugeben und unter Rühren 2 Minuten goldbraun anbraten. Die Paprika hinzufügen und 2 Minuten unter Rühren mitbraten. • Das Gemüse an den Pfannenrand schieben. Das **Hackfleisch** in die Mitte der Pfanne geben und 2–3 Minuten anbraten, dabei mit dem Kochlöffel zerdrücken. • Mit der **Sojasoße** beträufeln und mit dem Gemüse mischen. Das **Tomatenmark** einrühren, dann die **Milch** angießen und nochmals 2 Minuten köcheln lassen. • **Paprikapulver** und **Kreuzkümmel** dazugeben, mit **Salz** und **Pfeffer** abschmecken. • Die grünen Bohnen unterheben. Den **Feta** darüberbröseln und sofort servieren.

TIPP VON DOC FLECK

Sollte das Fleisch zu roh erscheinen: Es gart auf dem heißen Gemüse noch etwas nach.

VG VT LF GF ZF

PHASE 1

Brokkolipfanne mit Avocado und Steakstreifen

Zubereitung 25 Minuten
Für 2 Personen

Für das Fleisch

1 Rumpsteak (230 g, ca. 3 cm dick)
5 ml Erdnussöl (1 TL; alternativ Sonnenblumenöl)
Salz
schwarzer Pfeffer aus der Mühle

Für das Gemüse

1 Brokkoli (500 g, geputzt 350 g Brokkoliröschen)
125 g kleine Cocktailtomaten
1 mittelgroße Avocado (120 g Fruchtfleisch)
20 g Kokosöl (4 TL)
15 ml glutenfreie Sojasoße (z. B. Tamari; 3 TL)
1–2 Prisen Chiliflocken
Salz
schwarzer Pfeffer aus der Mühle

Nährwerte pro Person
446 kcal
E 34 g, F 31 g, KH 7 g, B 10 g

Das **Rumpsteak** 30 Minuten vor der Verwendung aus dem Kühlschrank nehmen. • Den Backofen auf 140 °C Ober-/ Unterhitze vorheizen und eine Auflaufform hineinstellen. • Den **Brokkoli** in sehr gleichmäßige, kleine Röschen schneiden, abbrausen und abtropfen lassen. Die **Tomaten** waschen, halbieren und den Stielansatz wegschneiden. Die **Avocado** schälen, entkernen und das Fruchtfleisch etwa 2 cm groß würfeln. • Das **Öl** in einer großen Pfanne stark erhitzen. Das Fleisch trocken tupfen, **salzen** und im heißen Öl auf jeder Seite 1 Minute anbraten, danach auch die Seiten anbraten. Das Fleisch **pfeffern,** in die heiße Auflaufform geben und im vorgeheizten Ofen 12 Minuten nachgaren. • Inzwischen in derselben Pfanne das **Kokosöl** erhitzen, die Brokkoliröschen hineingeben und 6–7 Minuten bei gut mittlerer Hitze rührbraten. Die Tomaten dazugeben und 3 weitere Minuten rührbraten. • Die **Sojasoße** und 3 TL Wasser dazugießen und bei kleiner Hitze nochmals 2–3 Minuten dünsten, bis der Brokkoli bissfest gar ist. Die Avocadowürfel zugeben und nur noch miterwärmen. Mit den **Chiliflocken** bestreuen und mit **Salz** und **Pfeffer** abschmecken. • Das Fleisch aus dem Ofen nehmen. Falls das Gemüse noch nicht gar ist, das Fleisch kurz in Alufolie wickeln und ruhen lassen. Dann in dünne Streifen schneiden. • Das Gemüse auf zwei Teller verteilen. Den ausgetretenen Fleischsaft über das Gemüse gießen und die Fleischstreifen auf dem Gemüse anrichten.

VG VT LF GF ZF

PHASE 1

Gefüllte Zucchini mit Käse-Nuss-Kruste

Zubereitung 30 Minuten plus 15 Minuten Backzeit
Für 2 Personen

Für Zucchini und Füllung

2 feste, möglichst gerade Zucchini (à 250 g, geputzt und ausgekratzt 350 g)
15 ml Erdnuss- oder Sonnenblumenöl (3 TL)
Salz
schwarzer Pfeffer aus der Mühle
75 g griechischer Naturjoghurt (10 % Fett)
1 TL Delikatess-Paprikapulver
3–4 Frühlingszwiebeln (geputzt 40 g)
50 g Cocktailtomaten
100 g Rinderhackfleisch
100 g Beefsteakhackfleisch
1–2 Msp. gemahlener Kreuzkümmel (Cumin)
10 ml glutenfreie Sojasoße (z. B. Tamari; 2 TL)
10 g Tomatenmark (2 TL)

Für die Kruste

½ Bund glatte Petersilie (10 g Blätter)
40 g Käse (z. B. mittelalter Gouda)
25 g Walnusskerne

Den Backofen auf 180 °C Umluft vorheizen. • **Zucchini** putzen, waschen, längs halbieren und das weiche Innere mit einem kleinen Löffel herauskratzen. Dann mit 1 TL **Öl** bestreichen, in eine Auflaufform legen und mit **Salz** und **Pfeffer** bestreuen. Im vorgeheizten Ofen 15–20 Minuten vorbacken. • Für die Füllung den **Joghurt** mit **Salz, Pfeffer,** 1–2 Msp. **Paprikapulver** und 1 TL **Öl** verrühren. Die **Frühlingszwiebeln** putzen, weiße und grüne Teile getrennt in Ringe schneiden. **Tomaten** waschen, vierteln und die Stielansätze wegschneiden. • Für die Kruste die **Petersilie** abbrausen, trocken tupfen und hacken. Den **Käse** reiben und die **Walnusskerne** fein hacken. Petersilie, Käse und Walnüsse vermischen. • Restliches **Öl** in einer Pfanne erhitzen, beide **Hackfleischsorten** mit den weißen Frühlingszwiebelringen dazugeben und bei hoher Hitze 3 Minuten unter Rühren anbraten, dabei das Fleisch nicht ganz durchbraten. Grüne Frühlingszwiebelringe dazugeben, mit **Salz, Pfeffer,** restlichem **Paprikapulver** und **Kreuzkümmel** würzen, dann **Sojasoße** und **Tomatenmark** einrühren. • Die Auflaufform aus dem Ofen nehmen. Zuerst die Joghurtmischung, dann die Fleischmischung in die Zucchini füllen, mit den Tomatenvierteln belegen, mit der Krustenmischung bestreuen und etwas festdrücken. Wieder in den Ofen geben und weitere 15 Minuten backen. • Herausnehmen und die gefüllten Zucchini sofort servieren.

Nährwerte pro Person
432 kcal – E 27 g, F 32 g, KH 10 g, B 3,5 g

Frühstück
Salate
Suppen
Fisch
Fleisch
Veggie
Snacks
Drinks

VG VT LF GF ZF

PHASE 1

Erdnuss-Lauch-Curry

Zubereitung 25 Minuten
Für 2 Personen
500 g Lauch (geputzt 400 g)
1–2 Knoblauchzehen (geschält 5 g)
10 g Kokosöl
2–3 TL rote Thai-Currypaste (20 g)
400 ml Gemüsebrühe
6–8 Stängel Koriandergrün (10 g Blätter und zarte Stiele)
100 ml Kokosmilch (70–90 % Kokosnussanteil)
40 g Erdnussmus
Salz
schwarzer Pfeffer aus der Mühle
20 g geröstete Erdnusskerne

Nährwerte pro Person
445 kcal
E 14 g, F 37 g, KH 14 g, B 8 g

Den **Lauch** putzen und waschen. Vom weißen Teil einer Stange einige hauchdünne Ringe abschneiden und beiseitelegen. Die Stangen längs halbieren, noch mal gründlich zwischen den einzelnen Schichten waschen, trocken tupfen und dann quer in 1 cm breite Stücke schneiden. Die **Knoblauchzehe(n)** schälen und hacken. • Das **Kokosöl** in einem Topf erhitzen und den Lauch darin unter Rühren 1 Minute andünsten. Den Knoblauch dazugeben und kurz mitdünsten. **Currypaste** einrühren und kurz dünsten, dann zunächst 200 ml **Brühe** angießen, aufkochen und 5–6 Minuten unter gelegentlichem Rühren ohne Deckel köcheln lassen – der Lauch soll keinesfalls zu weich werden. • Inzwischen das **Koriandergrün** abbrausen und trocken tupfen, zarte Stiele und Blätter grob hacken. • **Kokosmilch** und dann **Erdnussmus** in die Lauchmischung einrühren, je nach gewünschter Konsistenz die restliche **Brühe** zugeben und noch mal kurz erhitzen. Mit **Salz** und **Pfeffer** abschmecken. • Das Curry in zwei Schalen füllen und mit Koriander, Lauchringen und **Erdnüssen** bestreuen.

VG VT LF GF ZF

PHASE 2

Grüner Spargel mit Linsen-Gremolata

Zubereitung 40 Minuten
Für 2 Personen

50 g Belugalinsen oder grüne Berglinsen
1 Lorbeerblatt
Salz
2 Schalotten (geschält 60 g)
2–3 Knoblauchzehen (geschält 10 g)
1 Bund glatte Petersilie (20 g Blätter)
30 g grüne Pistazienkerne
500 g grüner Spargel (geschält 400 g)
8 TL Olivenöl extra vergine (40 ml)
3–4 TL Zitronensaft (15–20 ml)
3 TL abgeriebene Biozitronenschale
grüner Pfeffer aus der Mühle
Flockensalz

Nährwerte pro Person
402 kcal
E 14 g, F 29 g, KH 23 g, B 10 g

Die **Linsen** in einem Sieb unter fließendem kaltem Wasser gründlich abbrausen. In einen Topf geben, so viel Wasser angießen, dass die Linsen etwa zwei Fingerbreit mit Wasser bedeckt sind. Das **Lorbeerblatt** zugeben, aufkochen und abgedeckt etwa 30 Minuten gar köcheln. Erst während der letzten 5 Minuten **salzen.** • Inzwischen **Schalotten** und **Knoblauchzehen** schälen und fein hacken. Die **Petersilie** abbrausen, trocken tupfen und die Blätter hacken. Die **Pistazien** grob hacken. Den **Spargel** im unteren Drittel schälen, holzige Enden wegschneiden, waschen, trocken tupfen und in 3–4 cm große Stücke schneiden. • In einer Pfanne 6 TL **Öl** erhitzen und die Schalotten darin glasig andünsten. Den Knoblauch kurz mitdünsten und 3 TL **Zitronensaft** zugeben. In eine Schüssel füllen, Petersilie, Pistazien und **Zitronenschale** untermischen. Das restliche **Öl** in der Pfanne erhitzen und die Spargelstücke darin unter häufigem Wenden 5–6 Minuten braten. **Pfeffern** und mit **Flockensalz** bestreuen. • Inzwischen die Linsen in ein Sieb abgießen, abtropfen lassen, dann mit der Schalotten-Petersilien-Mischung vermengen und mit **Salz, Pfeffer** und nach Geschmack mit dem restlichen **Zitronensaft** abschmecken. Den Spargel auf zwei Teller verteilen und die lauwarme Gremolata darauf anrichten.

Karotten-Pastinaken-Stampf mit pochiertem Ei

Zubereitung 20 Minuten plus 25 Minuten Garzeit
Für 2 Personen
2 Schalotten (60 g)
1–2 Knoblauchzehen (geschält 5 g)
300 g Karotten (geschält 250 g)
450 g Pastinaken (geschält 350 g)
3–4 Stängel glatte Petersilie (10 g Blätter)
8 TL Olivenöl extra vergine (40 ml)
200 ml Gemüsebrühe plus eventuell etwas mehr
2 Eier (Größe M)
2 TL Zitronensaft (10 ml)
2 TL abgeriebene Biozitronenschale
Salz
grüner Pfeffer aus der Mühle
1 Prise Chiliflocken

Nährwerte pro Person
352 kcal
E 12 g, F 28 g, KH 15 g, B 9 g

Schalotten und **Knoblauchzehe(n)** schälen und hacken. **Karotten** und **Pastinaken** schälen und waschen. Karotten in etwa 5 mm dicke Scheiben hobeln und Pastinaken etwas dicker, etwa 7 mm, damit sie gleichmäßig garen. Die **Petersilie** abbrausen, trocken tupfen und die Blätter hacken. • 6 TL **Öl** in einem Topf erhitzen und die Schalotten darin glasig andünsten. Den Knoblauch kurz mitdünsten, Karotten und Pastinaken zugeben und unter Rühren 1–2 Minuten dünsten. Die **Brühe** angießen, aufkochen und abgedeckt bei mittlerer Hitze 25 Minuten gar kochen lassen. Falls nötig, etwas mehr **Brühe** zugeben – zum Schluss sollte sie nahezu eingekocht sein. • In einem großen Topf Wasser zum Kochen bringen. Sobald das Gemüse gar ist, die **Eier** aufschlagen und im sanft siedenden Wasser 3–4 Minuten pochieren. • Inzwischen das Gemüse grob stampfen, **Zitronensaft** und **Zitronenschale** zugeben, mit **Salz** und **Pfeffer** abschmecken und die Petersilie untermischen. Den Stampf auf zwei Teller verteilen und mit dem Löffelrücken eine Mulde hineindrücken. Die Eier mit der Schaumkelle aus dem Wasser heben, auf Küchenpapier abtropfen lassen und vorsichtig in die Mulden setzen. Mit einem Messer anritzen, sodass das flüssige Eigelb sichtbar wird. Die Eier **salzen** und **pfeffern.** Restliches **Öl** auf den Stampf träufeln und mit den **Chiliflocken** bestreuen.

Variante
Alternativ die Eier im restlichen Öl als Spiegeleier braten und auf den Stampf setzen.

VG VT LF GF ZF

PHASE 2

Sellerie-Rösti mit Apfel-Meerrettich-Kompott

Zubereitung 45 Minuten
Für 2 Personen

Für das Kompott

220 g Apfel (z. B. Boskop; geschält und entkernt 150 g)
100 g rote Zwiebeln (geschält 90 g)
20 g Butter
Salz
schwarzer Pfeffer aus der Mühle
25 g frischer Meerrettich (geschält 20 g)

Für die Rösti

350 g Knollensellerie (geschält 270 g)
1 Kartoffel (ca. 100 g, geschält 90 g)
Salz
1 Ei (Größe M)
schwarzer Pfeffer aus der Mühle
1 Schalotte (geschält 30 g)
2 Stängel glatte Petersilie (5 g Blätter)
2 EL feine glutenfreie Haferflocken (12 g)
8 TL Erdnuss- oder Olivenöl extra vergine (40 ml)
100 g saure Sahne

Für das Kompott den **Apfel** schälen, vierteln, entkernen und 1 cm groß würfeln. Die **Zwiebeln** schälen und fein hacken. Die **Butter** in einem Topf erhitzen und die Zwiebeln darin glasig andünsten. Die Apfelwürfel zugeben und unter regelmäßigem Rühren 5 Minuten dünsten. Mit **Salz** und **Pfeffer** würzen. Den **Meerrettich** schälen, reiben und untermischen. Das Kompott vom Herd nehmen. • Für die Rösti **Sellerie** und **Kartoffel** schälen, abbrausen, trocken tupfen und auf der Reibe raspeln (die Raspel sollten länglich, aber dünn sein). Leicht **salzen,** kurz stehen lassen und mit Küchenpapier die austretende Flüssigkeit fest ausdrücken. In einer Schüssel mit dem **Ei** mischen und **pfeffern.** Die **Schalotte** schälen und fein reiben. Die **Petersilie** abbrausen, trocken tupfen und die Blätter fein hacken. Beides untermischen. Die **Haferflocken** darüberstreuen und durchkneten. Kurz quellen lassen, dann in sechs Portionen teilen. • Je 4 TL **Öl** in zwei Pfannen erhitzen. In jede Pfanne drei Portionen als Kleckse hineinsetzen und mit dem Pfannenwender flach drücken. Die Rösti bei geringer Hitze von jeder Seite 3–4 Minuten goldbraun braten. Auf Küchenpapier abtropfen lassen. • Die Rösti auf zwei vorgewärmte Teller legen, dann auf jeden Rösti einen Klecks **saure Sahne** und etwas Kompott setzen.

Nährwerte pro Person

498 kcal – E 11 g, F 38 g, KH 29 g, B 10 g

VG VT LF GF ZF

PHASE 1

Omelette mit roter Paprika und Frühlingszwiebeln

Zubereitung 25 Minuten
Für 2 Personen
600 g rote Paprikaschoten (geschält und entkernt 350 g)
2–3 schmale Frühlingszwiebeln (geputzt 30 g)
6 TL Olivenöl extra vergine (30 ml)
4 Eier (Größe M)
Salz
schwarzer Pfeffer aus der Mühle
1 Prise Chiliflocken

Nährwerte pro Person
348 kcal
E 17 g, F 28 g, KH 7 g, B 7 g

Die **Paprikaschoten** waschen und trocken tupfen, dünn schälen, halbieren, entkernen und in 2 × 2 cm große Stücke schneiden. Die **Frühlingszwiebeln** putzen und waschen, dann weiße und grüne Teile separat in schmale Ringe schneiden. • 4 TL **Öl** in einer großen Pfanne erhitzen und die Paprikastücke darin unter gelegentlichem Rühren bei mittlerer Hitze 12 Minuten bissfest garen. Inzwischen die **Eier** trennen. Die Eiweiße mit der Gabel aufschlagen, dann die Eigelbe einrühren, **salzen** und **pfeffern.** • 2 Minuten vor Ende der Paprikagarzeit die weißen Frühlingszwiebelringe hinzugeben und mitgaren. Herausnehmen, **salzen, pfeffern** und warm halten. • In zwei Pfannen je 1 TL vom restlichen **Öl** erhitzen. Die Eiermasse auf beide Pfannen aufteilen, glatt streichen und bei mittlerer Hitze stocken lassen. Sobald die Omelettes von der Unterseite leicht gebräunt und auf der Oberseite noch leicht feucht sind, das Paprikagemüse darauf verteilen. Die Omelettes mit **Chiliflocken** und Zwiebelgrün bestreuen, zusammenklappen und sofort servieren.

VG VT LF GF ZF

PHASE 2

Linsen-Kokos-Dal mit Karotte und Sellerie

Zubereitung 20 Minuten plus 12–15 Minuten Garzeit
Für 2 Personen

2 Schalotten (geschält 60 g)
1–2 Knoblauchzehen (geschält 5 g)
1 rote Chilischote (geputzt 20 g)
2 Karotten (geschält 150 g)
1 Stück Knollensellerie (geschält 200 g)
60 g rote Linsen
20 g Kokosöl
350 ml Gemüsebrühe
75 ml Kokosmilch (70–90 % Kokosnussanteil)
1 kleines Bund Koriandergrün (15 g Blätter und zarte Stiele)
1 TL gemahlene Kurkuma (2,5 g)
1 Msp. Cayennepfeffer
Salz
schwarzer Pfeffer aus der Mühle

Nährwerte pro Person
407 kcal
E 13 g, F 27 g, KH 27 g, B 13 g

Schalotten und **Knoblauchzehe(n)** schälen und hacken. Die **Chilischote** waschen, von der Spitze acht bis zehn dünne Ringe abschneiden und beiseitelegen, den Rest längs halbieren, entkernen und würfeln. **Karotten** und **Sellerie** schälen, waschen, trocken tupfen und etwa 5 mm groß würfeln. Die **Linsen** in einem Sieb unter fließendem kaltem Wasser abbrausen. • Das **Kokosöl** in einem Topf erhitzen und die Schalotten darin glasig andünsten. Knoblauch und Chiliwürfel kurz mitdünsten, dann das Gemüse zugeben und 2 Minuten unter Rühren dünsten. Die Linsen zugeben, die **Brühe** angießen, aufkochen und abgedeckt bei mittlerer Hitze 12–15 Minuten köcheln lassen. • Die **Kokosmilch** einrühren und ohne Deckel etwa 2 Minuten einköcheln lassen. Inzwischen das **Koriandergrün** abbrausen, trocken tupfen und grob hacken. Das Dal mit **Kurkuma, Cayennepfeffer, Salz** und **Pfeffer** abschmecken. Auf zwei Schalen aufteilen und mit Koriandergrün und Chiliringen bestreuen.

Variante
Zusätzlich pro Person ein Spiegelei (Größe M) in insgesamt 1 TL Oliven- oder Kokosöl braten. Die Nährwerte betragen dann für 1 Portion: 515 kcal – E 20 g, F 36 g, KH 27 g, B 13 g.

VG VT LF GF ZF

PHASE 2

Süßkartoffel-Kumpir mit Kirschtomaten und Feta

Zubereitung 20 Minuten plus 50–60 Minuten Backzeit
Für 2 Personen

1 Süßkartoffel (250 g)
3 TL Olivenöl extra vergine (15 ml)
Salz
schwarzer Pfeffer aus der Mühle
1–2 Frühlingszwiebeln (geputzt 30 g)
100 g Kirschtomaten
6–8 Stängel Koriandergrün (10 g Blätter und zarte Stiele)
½ Biolimette (30 g)
100 g Feta (48 % Fett)
1 mittelgroße grüne Chilischote (geputzt 15 g)
60 g Schmand (30 % Fett)

Nährwerte pro Person
419 kcal
E 11 g, F 29 g, KH 29 g, B 5 g

Den Backofen auf 220 °C Ober-/Unterhitze vorheizen. Die **Süßkartoffel** gründlich waschen, damit sie mit der Schale gegessen werden kann, dann trocken tupfen und mit der Gabel mehrmals einstechen. Mit 1 TL **Öl** einreiben, **salzen** und **pfeffern** und in Alufolie einwickeln. Im vorgeheizten Ofen auf der mittleren Schiene 50–60 Minuten backen. • Inzwischen die **Frühlingszwiebel(n)** putzen, abbrausen und in Ringe schneiden. Die **Tomaten** waschen und halbieren, die Stielansätze dabei entfernen. Das **Koriandergrün** abbrausen, trocken tupfen und hacken. Die **Limettenhälfte** waschen, trocken reiben und in Scheiben schneiden. Den **Feta** zerbröseln. Die **Chilischote** waschen, trocken tupfen und in schmale Ringe schneiden, dabei die Kerne entfernen. • Die Süßkartoffel aus dem Ofen nehmen, auswickeln, längs halbieren und auf je einen Teller setzen. Leicht auseinanderdrücken, mit der Gabel das Innere etwas auflockern, restliches **Öl** darüberträufeln, **salzen, pfeffern** und in jede Hälfte etwa 20 g Feta einarbeiten. Darauf Frühlingszwiebeln und Tomaten, restlichen Feta und Chiliringe anrichten. Darüber den **Schmand** löffeln. Nochmals **pfeffern,** mit Koriander bestreuen, mit den Limettenscheiben garnieren und sofort servieren.

VG VT LF GF ZF

PHASE 1

Auberginenscheiben mit Haselnusskruste und Rosmarin-Knoblauch-Dip

Zubereitung 35 Minuten
Für 2 Personen

Für die Auberginenscheiben
1 kleinere Aubergine (ca. 250 g)
Salz
20 g Haselnussmehl
20 g glutenfreie Semmelbrösel
3 TL Dijonsenf (15 g)
3 TL weiße Misopaste
Vanillepfeffer (siehe Seite 41) oder schwarzer Pfeffer aus der Mühle
6 TL Olivenöl extra vergine (30 ml)

Für den Dip
125 g Magerquark
75 g Schmand (24 % Fett)
1–2 Knoblauchzehen (geschält 5 g)
½ rote Chilischote (geputzt 10 g)
2–3 Zweige Rosmarin (4 g Nadeln)
Salz
schwarzer Pfeffer aus der Mühle

Nährwerte pro Person
414 kcal
E 15 g, F 32 g, KH 17 g, B 5 g

Die **Aubergine** waschen, trocken tupfen und quer in 1,5 cm dicke Scheiben schneiden. Von beiden Seiten gut **salzen** und mindestens 10 Minuten ziehen lassen. Dann mit Küchenpapier kräftig ausdrücken. • Inzwischen für den Dip **Quark** und **Schmand** miteinander verrühren. Die **Knoblauchzehe(n)** schälen und fein hacken. Die **Chilischote** längs halbieren, entkernen, abbrausen und fein würfeln. Den **Rosmarin** abbrausen und trocken tupfen. Einen kleinen Zweig zum Garnieren beiseitelegen, vom Rest die Nadeln sehr fein hacken. Knoblauch, Chili und Rosmarin in die Quarkmischung rühren und mit **Salz** und **Pfeffer** abschmecken. • In einem tiefen Teller das **Haselnussmehl** und die **Semmelbrösel** mit etwas **Salz** mischen. **Senf** mit **Misopaste,** 2 TL Wasser und **Pfeffer** in einem zweiten tiefen Teller verrühren. Die Auberginenscheiben mit der Senf-Miso-Paste einpinseln, dann in die Nussmehlmischung drücken und überschüssige Brösel vorsichtig abklopfen. • In einer großen Pfanne die Hälfte des **Öls** erhitzen. Die Auberginen darin 3–4 Minuten bei mittlerer Hitze von einer Seite braten. Dann wenden, dabei das restliche **Öl** zugeben und weitere 3–4 Minuten braten. Die fertigen Auberginen auf Küchenpapier entfetten und mit dem Dip servieren.

VG VT LF GF ZF

PHASE 2

Pastinakengemüse mit Linsen, Frühlingszwiebeln und Orangensaftreduktion

Zubereitung 35 Minuten
Für 2 Personen

500 g Pastinaken (geschält 400 g)
8 TL Olivenöl extra vergine (40 ml)
1 TL gemahlene Kurkuma (2,5 g)
100 ml Orangensaft
200 ml Gemüsebrühe
6–8 Zweige Thymian (3 g Blättchen)
2–3 schmale Frühlingszwiebeln (geputzt 30 g)
30 g Kürbiskerne
125 g vorgegarte Belugalinsen oder grüne Berglinsen (ca. 60 g Trockenmasse)
2 TL abgeriebene Bioorangenschale
Salz
schwarzer Pfeffer aus der Mühle

Nährwerte pro Person
424 kcal
E 15 g, F 29 g, KH 27 g, B 6 g

Die **Pastinaken** schälen, abbrausen und in etwa 3 × 1 cm lange Stäbchen schneiden. Das **Öl** in einem Topf erhitzen. Die Pastinaken darin 3 Minuten sanft anbraten – sie dürfen etwas Farbe annehmen. Mit **Kurkuma** bestreuen, wenden und mit dem **Orangensaft** ablöschen. Zunächst 150 ml **Brühe** angießen, aufkochen und abgedeckt 15 Minuten köcheln lassen. Bei Bedarf die restliche **Brühe** zugießen; der Sud soll am Ende dicklich eingekocht sein. • Inzwischen den **Thymian** abbrausen, die Blättchen abzupfen und hacken. Die **Frühlingszwiebeln** putzen, abbrausen und in Ringe schneiden. Die **Kürbiskerne** in einer kleinen Pfanne ohne Fettzugabe rösten, bis sie sich etwas aufblähen. • Die **Linsen** in einem Sieb unter fließendem kaltem Wasser abbrausen und abtropfen lassen. Dann zu den Pastinaken geben, erwärmen und mit **Orangenschale, Salz** und **Pfeffer** würzen. Das Pastinakengemüse auf zwei Teller verteilen und Thymian, Frühlingszwiebeln sowie Kürbiskerne darüberstreuen.

TIPP VON DOC FLECK

Maronen (Esskastanien) bekommt man meistens in 200-g-Päckchen. Restliche Maronen lassen sich aber gut einfrieren.

VG VT LF GF ZF

PHASE 2

Pilzpfanne mit Maronen, Rosmarin und Rauchsalz zu Selleriepüree

Zubereitung 40 Minuten
Für 2 Personen

Für das Püree

1 Stück Knollensellerie (geschält 400 g)
6 TL Olivenöl extra vergine (30 ml)
4–5 Stängel glatte Petersilie (12 g Blätter)
1 TL Zitronensaft (5 ml)
1 TL abgeriebene Biozitronenschale
Salz
Vanillepfeffer (siehe Seite 41) oder schwarzer Pfeffer aus der Mühle
etwas frisch geriebene Muskatnuss

Für die Pilzpfanne

2 Schalotten (geschält 60 g)
100 g verpackte gegarte Maronen (siehe Tipp)
3–4 Zweige Rosmarin (5 g Nadeln)
250 g Champignons (geputzt 200 g)
200 g kleine Kräuterseitlinge
6 TL Olivenöl extra vergine (30 ml)
1 TL Zitronensaft (5 ml)
Rauchsalz oder anderes Salz
Vanillepfeffer (siehe Seite 41) oder schwarzer Pfeffer aus der Mühle

Für das Püree den **Sellerie** schälen und gleichmäßig in knapp 2 cm große Würfel schneiden. Das **Öl** in einer Pfanne oder einem Topf erhitzen und die Selleriewürfel darin sanft andünsten. Dann etwa 5 Minuten bei mittlerer Hitze unter häufigem Wenden farblos anbraten. Den Deckel auflegen, die Temperatur reduzieren und 20 Minuten weich dünsten. Inzwischen die **Petersilie** abbrausen, trocken tupfen und die Blätter fein hacken. • Für die Pilzpfanne die **Schalotten** schälen und längs in Streifen schneiden. Die **Maronen** grob hacken. Den **Rosmarin** abbrausen, trocken tupfen und die Nadeln fein hacken. Alle **Pilze** trocken putzen – bei den Champignons eventuell die Stiele herausdrehen – und in etwa 4 mm breite Scheiben schneiden. • 3 TL **Öl** in einer Pfanne erhitzen und die Schalotten darin glasig andünsten. Maronen und Rosmarin zugeben und 2 Minuten mitdünsten. Herausnehmen. Das restliche **Öl** in der Pfanne erhitzen und die Pilze darin unter häufigem Rühren 5–6 Minuten goldbraun braten. Die Schalottenmischung dazugeben und unterrühren, mit **Zitronensaft, Rauchsalz** und **Pfeffer** würzen. • Den weichen Sellerie aus der Pfanne in einen Mixbecher geben und mit dem Stabmixer fein pürieren. Mit **Zitronensaft, Zitronenschale,** etwas **Salz, Pfeffer** und **Muskatnuss** würzen, dann die Petersilie untermischen. Das Püree mit den Pilzen auf zwei Tellern anrichten.

Nährwerte pro Person
455 kcal – E 14 g, F 32 g, KH 28 g, B 11 g

VG VT LF GF ZF

PHASE 1

Quark-Spinat-Plätzchen mit geschmorten Kirschtomaten

Zubereitung 30 Minuten plus 60 Minuten Abtropfzeit
Für 2 Personen

200 g Magerquark
150 g TK-Blattspinat
25 g zarte glutenfreie Haferflocken
1 Ei (Größe S)
1–2 Knoblauchzehen (geschält 5 g)
Salz
schwarzer Pfeffer aus der Mühle
½ TL gemahlene Kurkuma (1,25 g)
1 Msp. Cayennepfeffer
200 g Kirschtomaten
3–4 Stängel Basilikum (5 g Blätter)
5 TL Olivenöl extra vergine (25 ml)

Nährwerte pro Person
303 kcal
E 22 g, F 17 g, KH 16 g, B 4 g

Den **Quark** in ein feinmaschiges Sieb (»Strainer«) geben und 60 Minuten abtropfen lassen. Ersatzweise ein mit einem Passiertuch ausgelegtes normales Sieb verwenden. Gleichzeitig den **Spinat** auftauen lassen. • Den abgetropften Quark in eine Schüssel füllen und mit **Haferflocken** und **Ei** verrühren. Den Spinat fest ausdrücken, klein schneiden und zugeben. Die **Knoblauchzehe(n)** schälen, sehr fein hacken und untermischen. Mit **Salz, Pfeffer, Kurkuma** und **Cayennepfeffer** pikant abschmecken und 10 Minuten quellen lassen. • Inzwischen die **Tomaten** waschen und trocken tupfen, dann halbieren und dabei die Stielansätze wegschneiden. Das **Basilikum** abbrausen und trocken tupfen. Einige Blätter ganz lassen, den Rest grob hacken. • In einer großen Pfanne (Ø 28 cm) 3 TL **Öl** erhitzen. Die Masse in sechs Portionen in die Pfanne setzen und mit einem Pfannenwender oder Silikonlöffel etwa 2 cm dick flach drücken. Bei starker Hitze 2 Minuten anbraten, dann wenden und bei mittlerer Hitze weitere 5–6 Minuten braten, dabei öfter wenden. • Parallel dazu in einer zweiten Pfanne das restliche **Öl** erhitzen und die Tomaten 4–5 Minuten unter häufigem Wenden braten. **Salzen** und **pfeffern.** • Die Plätzchen mit den Tomaten auf zwei Tellern anrichten. Das gehackte Basilikum über die Tomaten streuen und mit den ganzen Basilikumblättern garnieren.

VG VT LF GF ZF

PHASE 2

Rotes Linsen-Tomaten-Ragout mit verlorenem Ei

Zubereitung 20 Minuten plus 12–15 Minuten Garzeit
Für 2 Personen

70 g rote Linsen
150 g rote Zwiebeln (geschält 140 g)
3–4 Knoblauchzehen (geschält 10 g)
6 TL Olivenöl extra vergine (30 ml)
20 g Tomatenmark
200 ml Gemüsebrühe plus eventuell etwas mehr
1 Dose stückige Tomaten (400 g)
1 Lorbeerblatt
Salz
schwarzer Pfeffer aus der Mühle
1–2 TL Sambal Oelek (5–10 g; nach Belieben)
2 Eier (Größe M)
7–8 Zweige Thymian (4 g Blättchen)

Nährwerte pro Person
411 kcal
E 21 g, F 23 g, KH 29 g, B 9 g

Die **Linsen** in einem Sieb unter fließendem kaltem Wasser abbrausen und abtropfen lassen. Die **Zwiebeln** schälen und etwa 5 mm groß hacken. Die **Knoblauchzehen** schälen und fein hacken. • Das **Öl** in einer Pfanne oder einem Topf erhitzen und die Zwiebeln darin glasig andünsten. Den Knoblauch kurz mitdünsten, dann **Tomatenmark** und Linsen zugeben und unter Rühren anrösten. **Brühe, Tomaten** und **Lorbeerblatt** einrühren, aufkochen und abgedeckt 12–15 Minuten köcheln lassen, bis ein dickliches Ragout entstanden ist. Gelegentlich umrühren und, falls nötig, noch ein wenig mehr **Brühe** zugießen. • Das Ragout mit **Salz, Pfeffer** und **Sambal Oelek** pikant abschmecken. Mit dem Löffelrücken zwei Mulden hineindrücken, die **Eier** aufschlagen und hineingleiten lassen. 4–5 Minuten stocken lassen, bis das Eiweiß fest und das Eigelb noch flüssig ist. In der Zwischenzeit den **Thymian** abbrausen und trocken tupfen, die Blättchen abzupfen, hacken und über das fertige Gericht streuen.

VG VT LF GF ZF

PHASE 2

Kichererbsen-Spinat-Curry mit Kokosmilch

Zubereitung 20 Minuten
Für 2 Personen

2 Schalotten (geschält 60 g)
1–2 Knoblauchzehen (geschält 5 g)
15 g Kokosöl
350 g TK-Blattspinat (portionierbar)
2 TL Currypulver (5 g)
60 ml Gemüsebrühe plus eventuell etwas mehr
250 g vorgegarte Kichererbsen (ca. 125 g Trockenmasse)
200 ml Kokosmilch (70–90 % Kokosnussanteil)
Salz
schwarzer Pfeffer aus der Mühle
1 Prise Chiliflocken

Nährwerte pro Person
484 kcal
E 16 g, F 33 g, KH 25 g, B 12 g

Schalotten und **Knoblauchzehe(n)** schälen und fein hacken. Das **Kokosöl** in einem Topf erhitzen, Schalotten und Knoblauch darin glasig andünsten. Den gefrorenen **Spinat** hinzufügen und unter Rühren kurz andünsten. 1 TL **Currypulver** einrühren, dann die **Brühe** angießen. Abgedeckt 5 Minuten bei mittlerer Hitze garen, dabei einmal umrühren. • Inzwischen die **Kichererbsen** in einem Sieb unter fließendem kaltem Wasser abbrausen und abtropfen lassen. • Die Kichererbsen unter den Spinat rühren und abgedeckt 3 Minuten sanft erhitzen. Die **Kokosmilch** unterrühren und mit **Salz, Pfeffer** und restlichem **Currypulver** abschmecken. Das Curry auf zwei Tellern anrichten und mit den **Chiliflocken** bestreuen.

VG VT LF GF ZF

PHASE 1

Lauchkuchen mit Brokkoliboden

Zubereitung 15–25 Minuten plus 55 Minuten Backzeit
Für 4 Personen

Für den Boden
500 g Brokkoli, in Röschen geschnitten
50 g Bergkäse, gerieben
1 Ei (Größe L)
Meersalz
schwarzer Pfeffer aus der Mühle
fein gehackte Kräuter nach Wahl zum Garnieren (nach Belieben)

Für den Belag
2 Eier (Größe L)
125 Crème fraîche
50 g Bergkäse, gerieben
Meersalz
schwarzer Pfeffer aus der Mühle
300 g Lauch (am besten nur weiße Teile), in Ringe geschnitten

Außerdem
runde Springform (Ø 24–26 cm)

Den Backofen auf 200 °C Ober-/Unterhitze vorheizen. Den Boden und den Rand der Springform mit Backpapier auskleiden. • Für den Boden den **Brokkoli** am besten im elektrischen Zerhacker zerkleinern, sodass er die Konsistenz von geriebenem Käse hat. In eine Schüssel füllen, **Bergkäse** und **Ei** zugeben, vermengen und mit **Salz** und **Pfeffer** würzen. Die Brokkolimasse in die vorbereitete Springform geben, mit einem Löffel gleichmäßig verteilen und glatt streichen. Im vorgeheizten Ofen 25 Minuten backen. • Für den Belag **Eier, Crème fraîche** und **Käse** vermengen und mit **Salz** und **Pfeffer** würzen. Die Form aus dem Ofen nehmen und die **Lauchringe** auf dem Brokkoliboden verteilen. Die Eiermischung darübergießen und weitere 30 Minuten im Ofen backen. • Den Lauchkuchen aus dem Ofen nehmen und etwas abkühlen lassen. Aus der Springform lösen, in Stücke schneiden und nach Belieben mit **Kräutern** garniert genießen.

Nährwerte pro Person
308 kcal – E 20 g, F 20 g, KH 9 g, B 6 g

TIPP VON DOC FLECK

Dieser Lauchkuchen schmeckt sowohl warm als auch kalt. Schneiden Sie ihn in kleine Stücke und servieren Sie diese als Tapas.

TIPP VON DOC FLECK

Man kann 10–15 Basilikumblätter zum Spinat geben und mitgaren, dann wird er geschmacklich noch interessanter.

VG VT LF GF ZF

PHASE 2

Linsenfrikadellen auf Spinat mit Joghurtdip

Zubereitung 30 Minuten
Für 2–3 Personen
(ergibt 4–6 Frikadellen)

Für die Frikadellen

150 g rote Linsen
400 ml Gemüsebrühe
80 g Haferflocken
4 EL Olivenöl extra vergine
60 g Schalotten, in feine Würfel geschnitten
1 Prise Meersalz
1 Msp. Chiliflocken
½ TL gemahlene Kurkuma
½ TL getrockneter Rosmarin
2–3 EL Erdnussöl

Für den Dip

100 g Naturjoghurt
abgeriebene Schale und Saft von ½ Biozitrone
Meersalz
schwarzer Pfeffer aus der Mühle

Für den Spinat

300 g Spinat
15 g Butter
Meersalz
schwarzer Pfeffer aus der Mühle

Für die Frikadellen die **Linsen** zweimal in einer Schüssel mit kaltem Wasser waschen und in ein Sieb abgießen. Linsen mit der **Gemüsebrühe** in einen Topf geben, zum Kochen bringen und bei mittlerer Temperatur 13–15 Minuten offen köcheln lassen, bis die Flüssigkeit verkocht ist. • Inzwischen für den Dip den **Joghurt** mit **Zitronenschale** und **-saft** in eine Schüssel geben, verrühren und leicht mit **Salz** und **Pfeffer** abschmecken. Beiseitestellen. • Für die Beilage den **Spinat** verlesen, waschen und trocken schleudern. • Die **Haferflocken** im elektrischen Zerhacker fein zermahlen. Die gegarten Linsen mit Hafermehl, **Olivenöl, Schalotten, Salz, Gewürzen** und **Rosmarin** in die Schüssel der Küchenmaschine geben und mit dem Flachrührer 2 Minuten verrühren. Alternativ die Zutaten mit einem Holzlöffel sehr gut durchrühren. Aus der Linsenmasse vier große oder sechs mittelgroße Frikadellen formen. • Eine Pfanne auf mittlerer Stufe erhitzen. Das **Erdnussöl** darin heiß werden lassen. Die Frikadellen darin von beiden Seiten insgesamt 5 Minuten braten. • Währenddessen die **Butter** in einen großen Topf geben, mit **Salz** und **Pfeffer** würzen und auf hoher Stufe erhitzen. Den Spinat hineingeben, den Deckel aufsetzen und 1 Minute garen. Durchrühren und den Spinat weitere 1–2 Minuten garen. In ein Sieb geben und kurz abtropfen lassen. • Die Linsenfrikadellen mit dem Spinat auf zwei Tellern anrichten. Dazu den Dip reichen.

Nährwerte pro Person

455 kcal – E 21 g, F 21 g, KH 38 g, B 7 g

TIPP VON DOC FLECK

Aufgefangenen Tomatensaft mit einigen Tropfen Tabasco verrühren, mit Salz und Pfeffer würzen, in zwei Gläser füllen und zur Pizza servieren.

VG VT LF GF ZF

PHASE 2

Pizza mit Zucchiniboden mediterran

Zubereitung 10 Minuten plus 15 Minuten Ruhezeit und 18–22 Minuten Backzeit
Für 2 Personen

Für die Böden
300 g Zucchini
Meersalz
etwas Olivenöl extra vergine
100 g italienischer Hartkäse, gerieben
1 Ei (Größe M)
30 g Haferflocken
schwarzer Pfeffer aus der Mühle

Für den Belag
400 g gewürfelte Tomaten aus dem Tetrapack
1 TL getrocknete italienische Kräuter
Meersalz
schwarzer Pfeffer aus der Mühle
100 g Feta, zerbröselt
je 3 rote, gelbe und orange Cocktailtomaten, halbiert
1–2 EL Olivenöl extra vergine
Basilikum oder Estragon zum Garnieren

Für die Böden die **Zucchini** putzen und auf einer Reibe grob in eine Schüssel raspeln. Leicht **salzen** und 15 Minuten ruhen lassen, damit die Zucchiniraspel Wasser abgeben. • Inzwischen den Backofen auf 220 °C Umluft vorheizen. Ein Backblech mit Backpapier auslegen und leicht mit **Olivenöl** bestreichen. • Für den Belag die **Tomaten** aus dem Tetrapack in einem Sieb abtropfen lassen, dabei den Saft auffangen (siehe Tipp). • Die Zucchiniraspel in ein Küchentuch geben, kräftig ausdrücken und in eine große Schüssel füllen. **Käse, Ei, Haferflocken** und **Pfeffer** zugeben und verrühren. Die Zucchinimasse in zwei langen Streifen auf das vorbereitete Backblech auftragen und im vorgeheizten Ofen 10–12 Minuten backen. • Die Zucchinipizzaböden herausnehmen (den Ofen nicht ausschalten) und die Bodenränder mit etwas **Olivenöl** einstreichen. Das abgetropfte Tomatenfruchtfleisch in eine Schüssel geben, **Kräuter, Salz** und **Pfeffer** zugeben und verrühren. Die Mischung gleichmäßig auf den Böden verteilen. **Feta** und **Tomatenhälften** mit den Schnittflächen nach oben darauf verteilen und weitere 8–10 Minuten im Ofen backen. • Die Pizzen mit **Olivenöl** beträufeln und mit **Basilikum** garniert heiß servieren.

Nährwerte pro Person
504 kcal – E 35 g, F 30 g, KH 21 g, B 5 g

TIPP VON DOC FLECK

Empfehlenswert ist die Avocado-Sorte »Hass« (rund, eierförmig und mit schwarzer Schale) wegen des vollmundig-nussigen Geschmacks. Während der Reifung wechselt sie ihre Farbe von Grün zu Schwarz. Übrigens: Die Avocado ist zum Verzehr geeignet, wenn sie auf Druck leicht nachgibt.

VG VT LF GF ZF

PHASE 2

Gebratene Avocado auf Couscous

Zubereitung 20 Minuten
Für 2 Personen
2 EL Olivenöl extra vergine
Meersalz
schwarzer Pfeffer aus der Mühle
90 g Couscous
30 g Cashewkerne
½ EL süßsaure Soße
Saft von ½ Zitrone
30–40 g gemischte Salatblätter (z. B. Radicchio und Babyspinat)
1–2 EL milder weißer Balsamico-Essig
½ EL Pflanzenöl
1 Avocado
75 g Mini-Mozzarellakugeln
1 EL grünes Pesto (Fertigprodukt)

Nährwerte pro Person
553 kcal
E 18 g, F 34 g, KH 40 g, B 7 g

180 ml Wasser in einen Topf füllen, 1 EL **Olivenöl, Salz** und **Pfeffer** zugeben und zum Kochen bringen. • **Couscous** in eine hitzebeständige Schüssel geben, das kochende Wasser darübergießen und alles vermengen. Gut abdecken und 10 Minuten quellen lassen. Dann den Couscous mit einer Gabel durchrühren und auflockern. • Inzwischen die **Cashewkerne** in einer Pfanne auf mittlerer Stufe ohne Fettzugabe unter Rühren anrösten. Etwas abkühlen lassen, dann die Cashewkerne hacken und in eine Schale geben. **Süßsaure Soße** und **Zitronensaft** zufügen und gut vermengen. • **Salat** waschen und trocken schleudern. In eine Schüssel geben und, falls nötig, die Blätter klein schneiden. Den **Essig** darüberträufeln, mit **Salz** würzen und vermengen. • Den Couscous auf zwei Teller verteilen. • Eine Pfanne auf mittlerer Stufe erhitzen. Das **Pflanzenöl** zugießen und heiß werden lassen. Währenddessen die **Avocado** halbieren, den Kern herausnehmen und die Haut vom Fruchtfleisch abziehen. Die beiden Avocadohälften mit den Schnittflächen nach unten im heißen Öl 2–3 Minuten braten. • Je eine gebratene Avocadohälfte auf den Couscous setzen und den Salat daneben anrichten. Dann die kleinen **Mozzarellakugeln** darauf verteilen. Zum Schluss das **Pesto** mit dem restlichen **Olivenöl** verrühren und das Gericht damit dekorativ beträufeln.

TIPP VON DOC FLECK

Zu diesen leckeren Zucchiniröllchen passt geröstetes Dinkelbrot sehr gut.

VG VT LF GF ZF

PHASE 2

Zucchiniröllchen mit Ricotta-Cashew-Füllung

Zubereitung 25 Minuten
Für 2 Personen

Für die Röllchen
je 1 feste gelbe und grüne Zucchini (à 150–170 g)
Meersalz
2–3 EL Olivenöl extra vergine plus etwas zum Einreiben
1 TL Kokosöl
einige Salatblätter oder Kräuter nach Wahl zum Servieren

Für die Füllung
100 g Cashewkerne
350 g Ricotta (20 % Fett)
1 Kästchen Radieschenkresse, abgeschnitten
1 Stängel Estragon, Blätter gehackt
1 Stängel Basilikum, Blätter gehackt
40 g Dinkel- oder Haferkleie
Meersalz
schwarzer Pfeffer aus der Mühle

Außerdem
4 kleinere Bambusspieße oder 2 längere Holzspieße
Einwegspritzbeutel

Für die Röllchen beide **Zucchini** waschen, putzen und auf einem Gemüsehobel oder einer Mandoline in dünne, lange Scheiben hobeln. Die Scheiben von beiden Seiten leicht **salzen** und 7–8 Minuten ziehen lassen. • In der Zwischenzeit für die Füllung die **Cashewkerne** in einer Pfanne ohne Fettzugabe leicht anrösten, bis sie duften. Dann am besten auf ein großes Backblech geben, damit sie schnell abkühlen. • Den **Ricotta** in eine Schüssel geben. **Radieschenkresse** mit **Kräutern** und **Kleie** hinzufügen. • Die Cashewkerne im elektrischen Zerhacker zerkleinern. Alternativ die Kerne in einen Gefrierbeutel geben und mit einem Nudelholz zerkleinern. Die Cashewkerne zum Ricotta in die Schüssel geben, alles gut vermengen und mit **Salz** und **Pfeffer** abschmecken. • Die Spieße mit etwas **Olivenöl** einreiben. Die Zucchinischeiben mit Küchenpapier trocken tupfen und je zwei Scheiben leicht übereinanderlappend als langen Streifen aneinanderlegen. • Die Füllung in den Einwegspritzbeutel geben, die Spitze abschneiden und die Füllung auf das untere Drittel der Zucchinistreifen spritzen. Dann aufrollen und auf die Spieße stecken. • Das **Kokosöl** in einer Pfanne erhitzen. Die Zucchiniröllchen darin bei mittlerer Hitze von beiden Seiten jeweils 2–3 Minuten braten. • Zum Servieren das **Olivenöl** auf zwei Teller träufeln, die Zucchiniröllchen mit **Salatblättern** oder **Kräutern** darauf anrichten und genießen.

Nährwerte pro Person
630 kcal – E 38 g, F 20 g, KH 29 g, B 13 g

VG VT LF GF ZF

PHASE 2

Petersilien-Pancakes mit Pastinakencreme

Zubereitung 25–30 Minuten
Für 2 Personen (ergibt 10–12 kleine Pancakes)

Für die Pancakes
130 ml Milch
30 g glatte Petersilie, grob gehackt
1 Ei (Größe M)
80 g Buchweizenmehl
½ TL Backpulver
1 Prise Meersalz
1–2 EL Sonnenblumenöl

Für die Creme
500 g Pastinake, geschält und in walnussgroße Stücke geschnitten
1 große Prise Meersalz
80 g Sahne

Für die Garnierung
¼ Bund glatte Petersilie, Blätter abgezupft
½ EL milder Weißweinessig
1 TL Olivenöl extra vergine
Meersalz
schwarzer Pfeffer aus der Mühle

Für die Pancakes die **Milch** mit der **Petersilie** im Standmixer 30 Sekunden mixen. Dann **Ei, Buchweizenmehl, Backpulver** und **Salz** dazugeben und kurz durchmixen. Die Teigmasse in eine kleine Schüssel füllen. • Für die Creme die **Pastinake** mit 150 ml Wasser und **Salz** in einen Topf geben, abdecken, aufkochen und 12–15 Minuten köcheln lassen, dabei zwischendurch umrühren. Dann in ein Sieb abgießen. In einen hohen Mixbecher geben, die **Sahne** zugießen und mit dem Stabmixer cremig mixen, eventuell etwas nachwürzen. • Während der Garzeit für die Garnierung die **Petersilie** mit **Essig, Öl** und etwas **Salz** und **Pfeffer** in eine Schale geben, vermengen und zum Marinieren beiseitestellen. • Inzwischen eine große Pfanne auf mittlerer Stufe erhitzen. Das **Sonnenblumenöl** zugießen und heiß werden lassen. Den Teig in zehn bis zwölf Portionen hineingeben und die Pancakes von beiden Seiten je 2–3 Minuten braten. • Die fertig gebratenen Petersilien-Pancakes auf zwei Teller geben und die Creme daneben anrichten. Mit der marinierten Petersilie garnieren und servieren.

Nährwerte pro Person
503 kcal – E 14 g, F 19 g, KH 63 g, B 6 g

Vegane Variante

Statt Feta 175 g in kleine Würfel geschnittenen Tofu verwenden. Die Nährwerte betragen dann pro Person: 449 kcal, E 17 g, F 27 g, KH 29 g, B 9 g.

Gefüllter Butternut-Kürbis mit Grünkohl, Tomaten und Feta

Zubereitung 40 Minuten plus 15–20 Minuten Backzeit
Für 2 Personen

½ großer oder 1 kleiner Butternut-Kürbis (ca. 700 g, 500 g Fruchtfleisch)
30 ml Erdnussöl (6 TL; alternativ Sonnenblumenöl)
Salz
1 rote Zwiebel (60 g, geschält 50 g)
1–2 Knoblauchzehen (geschält 5 g)
100 g Cocktailtomaten
125 g Feta (48 % Fett)
75 g gehackter TK-Grünkohl (Natur, portionierbar)
schwarzer Pfeffer aus der Mühle
½ TL Delikatess-Paprikapulver
½ TL Pimentón de la Vera (Räucherpaprika)
¼ TL gemahlener Kreuzkümmel (Cumin)
1–2 Prisen Chiliflocken

Nährwerte pro Person
451 kcal
E 15 g, F 30 g, KH 26 g, B 8 g

Den Backofen auf 200 °C Umluft vorheizen und eine Auflaufform hineinstellen. • Falls ein ganzer **Kürbis** verwendet wird, den Kürbis längs halbieren, entkernen und schälen, ansonsten eine große Kürbishälfte entkernen und schälen. Etwa 100 g Kürbisfleisch herauskratzen (nicht wegwerfen), um genug Platz für die Füllung zu haben. Den runden Boden gerade abschneiden, damit der Kürbis standfest ist. Außen und innen mit 2 TL **Öl** bestreichen und **salzen.** In die heiße Auflaufform geben und im vorgeheizten Ofen 20–25 Minuten vorbacken; falls der Kürbis zu schnell bräunt, mit Alufolie abdecken. • Inzwischen **Zwiebel** und **Knoblauchzehe(n)** schälen und hacken. Ausgekratztes Kürbisfleisch klein hacken. Die **Tomaten** waschen und würfeln. Den **Feta** zerbröseln. • Das restliche **Öl** in einer Pfanne erhitzen und die Zwiebeln darin bei mittlerer Hitze glasig andünsten. Den Knoblauch hinzufügen und kurz mitdünsten. Den gehackten Kürbis zugeben und 1–2 Minuten sanft braten. Den gefrorenen **Grünkohl** in die Pfanne geben und etwa 3 Minuten mitgaren. Vom Herd nehmen, mit **Salz, Pfeffer, Paprikapulver, Räucherpaprika, Kreuzkümmel** und **Chiliflocken** kräftig würzen, dann Tomaten und Feta untermischen. • Die Ofentemperatur auf 180 °C Umluft reduzieren. Die Füllung in die vorgebackenen Kürbishälften füllen, gut festdrücken und einen gleichmäßigen Hügel formen. Weitere 15–20 Minuten backen, dabei nach der Hälfte der Backzeit eventuell mit Alufolie locker abdecken (wird ein kleiner ganzer Kürbis verwendet, ist die Backzeit eher etwas kürzer. Bei einer großen Kürbishälfte etwas länger, weil die Wand dicker ist). • Aus dem Ofen nehmen, den gefüllten Kürbis in Scheiben schneiden und servieren.

VG VT LF GF ZF

PHASE 2

Kürbis-Zucchini-Feta-Auflauf

Zubereitung 20 Minuten plus ca. 30 Minuten Backzeit
Für 2 Personen

½ mittelgroßer Hokkaido-Kürbis (300 g Fruchtfleisch)
3 kleine Zucchini (insgesamt 400 g, geputzt 380 g)
2–3 Frühlingszwiebeln (geputzt 30 g)
1–2 Knoblauchzehen (geschält 5 g)
10 ml Olivenöl extra vergine (2 TL)
Salz
schwarzer Pfeffer aus der Mühle
100 g Feta (48 % Fett)
3 Eier (Größe M)
150 ml Milch (3,5 % Fett)
1 TL Delikatess-Paprikapulver
1–2 Prisen Chiliflocken
1–2 Prisen frisch geriebene Muskatnuss

Nährwerte pro Person
500 kcal
E 27 g, F 24 g, KH 29 g, B 6 g

Den **Kürbis** putzen, Fasern und Kerne herauskratzen und abbrausen. Auf dem Hobel in 3 mm dünne Spalten schneiden. Die **Zucchini** waschen und in 6–7 mm dünne Scheiben hobeln, damit das Gemüse gleichmäßig gart. • **Frühlingszwiebeln** putzen, dann die weißen und grünen Teile separat in Ringe schneiden. Die **Knoblauchzehe(n)** schälen und hacken. • Den Backofen auf 180 °C Umluft vorheizen und eine Auflaufform (etwa 20 × 30 cm) mit dem **Öl** ausstreichen. • Kürbis und Zucchini abwechselnd schräg einschichten, dann mit **Salz** und **Pfeffer** würzen. Den **Feta** zerbröseln und mit weißen Frühlingszwiebelringen und Knoblauch zwischen den Scheiben verteilen. • Die **Eier** mit der **Milch** verquirlen, mit **Salz, Pfeffer, Paprikapulver, Chiliflocken** und **Muskatnuss** würzen und dann über das Gemüse gießen. Im vorgeheizten Ofen etwa 30 Minuten goldbraun backen. • Aus dem Ofen nehmen, mit den grünen Frühlingszwiebelringen bestreuen und servieren.

Frühstück
Salate
Suppen
Fisch
Fleisch
Veggie
Snacks
Drinks

VG VT LF GF ZF

PHASE 2

Hummus mit getrockneten Tomaten und geschmolzenen Tomatenwürfeln

Nährwerte pro Person 301 kcal – E 13 g, F 14 g, KH 24 g, B 9 g
Zubereitung 20 Minuten – Für 2 Personen

250 g vorgegarte **Kichererbsen** (etwa 125 g Trockenmasse) abbrausen, abtropfen lassen und trocken tupfen. 30 g **in Öl eingelegte Tomaten** (Abtropfgewicht) hacken. 1–2 **Knoblauchzehen** (geschält 5 g) schälen und hacken. Alles mit zunächst 30 ml Wasser, 2 TL **Zitronensaft** (10 ml) und 1 TL abgeriebene **Biozitronenschale** im Blitzhacker so fein wie möglich pürieren, dabei hochgespritzte Masse mit einem Silikonspatel zurückschieben. Falls nötig, etwas mehr Wasser zugeben. Wenn die Masse cremig ist, 20 g **weißes Mandelmus** oder **Tahini** (Sesammus), **Salz, schwarzen Pfeffer** aus der Mühle und etwas **Cayennepfeffer** zugeben, nochmals durchmixen und den Hummus in eine Schale füllen. 1 reife, aber feste **Tomate** (150 g, geschält und entkernt 100 g) schälen (am besten mit einem gezahnten Sparschäler), vierteln, entkernen und würfeln. 2 TL **Olivenöl extra vergine** (10 ml) in einer kleinen Pfanne erhitzen. Die Tomatenwürfel darin etwa 2 Minuten dünsten – sie sollen nicht zerfallen. **Salzen, pfeffern** und auf dem Hummus verteilen.

VG VT LF GF ZF

PHASE 1

Erbsen-Basilikum-Hummus

Nährwerte pro Person 175 kcal – E 7 g, F 10 g, KH 15 g, B 10 g
Zubereitung 15 Minuten – Für 2 Personen

250 g **TK-Erbsen** mit kochendem Wasser übergießen, 5 Minuten stehen lassen, abgießen, kalt abschrecken und abtropfen lassen. Einige Erbsen beiseitelegen. Inzwischen 2–3 **Frühlingszwiebeln** (geputzt 30 g) putzen, abbrausen und hacken. 5–6 Stängel **Basilikum** (10 g Blätter) abbrausen, trocken tupfen, einige Blätter beiseitelegen, den Rest grob hacken. 1–2 **Knoblauchzehen** (geschält 5 g) schälen und fein hacken. 1 **grüne Chilischote** (geputzt 15 g) längs halbieren, entkernen, abbrausen und klein hacken. ½ große, reife **Avocado** (75 g Fruchtfleisch) entkernen, aus der Schale lösen und grob in Stücke schneiden. Alle vorbereiteten Zutaten im Blitzhacker so fein wie möglich pürieren, dabei zwischendurch hochgespritzte Masse mit einem Silikonspatel zurückschieben. Mit 2 TL **Zitronensaft** (10 ml), **Salz** und **grünem Pfeffer** aus der Mühle würzen, nochmals durchmixen. Den Hummus in eine Schale füllen und mit beiseitegelegten Erbsen und Basilikum garnieren.

Knabberspaß mit
gerösteten Nüssen und Kernen

Würzig geröstete Kichererbsen

VG VT LF GF ZF

PHASE 1

Knabberspaß mit gerösteten Nüssen und Kernen

Nährwerte pro Portion 198 kcal – E 8 g, F 16 g, KH 4 g, B 3 g

Zubereitung 2 Minuten plus 5–8 Minuten Backzeit
Für 12 Portionen (à etwa 30 g)

5 g Meersalz
100 g Haselnusskerne
100 g Mandelkerne
100 g Cashewkerne
100 g Kürbiskerne

Den Backofen auf 200 °C Umluft vorheizen. Ein Backblech mit Backpapier auslegen. • 50 ml Wasser mit dem **Salz** in eine Schüssel geben und vermengen. Alle **Nüsse** und **Kerne** dazugeben und gut durchrühren. • Die Nussmischung auf das vorbereitete Backblech geben, gleichmäßig verteilen und im vorgeheizten Ofen 5–8 Minuten knusprig rösten. • Herausnehmen und gut auskühlen lassen. Dann die geröstete Nussmischung zum Aufbewahren in eine luftdicht schließende Dose füllen. Sie ist etwa 2–3 Wochen haltbar.

VG VT LF GF ZF

PHASE 1

Würzig geröstete Kichererbsen

Nährwerte pro Portion 31 kcal – E 1 g, F 2 g, KH 2 g, B 1 g

Zubereitung 3–5 Minuten plus 25–30 Minuten Backzeit
Ergibt etwa 26 Portionen à 30 g

2 Dosen Kichererbsen (à ca. 250 g Abtropfgewicht)
3 EL Olivenöl extra vergine
1 Knoblauchzehe
10 g gemahlener Kreuzkümmel
2–3 Msp. Cayennepfeffer
1 TL Paprikapulver oder Pimentón de la Vera (Räucherpaprika)
1 TL getrockneter Rosmarin
½ TL gemahlener Zimt
5 g Meersalz

Den Backofen auf 200 °C Ober-/Unterhitze vorheizen. Ein Backblech mit Backpapier auslegen. • **Kichererbsen** in ein Sieb abgießen, unter fließendem kaltem Wasser abbrausen und gut abtropfen lassen. • Das **Olivenöl** in eine Schüssel geben, die **Knoblauchzehe** mit der Knoblauchpresse in die Schüssel drücken und mit dem Öl vermengen. Dann **Gewürze** und **Salz** einrühren, die Kichererbsen zugeben und alles gut vermengen. • Die Kichererbsenmischung auf das vorbereitete Backblech geben, gleichmäßig verteilen und 25–30 Minuten im vorgeheizten Ofen knusprig backen (gegen Ende der Backzeit können die Kichererbsen aufplatzen, das ist normal). • Aus dem Ofen nehmen und vollständig auskühlen lassen. Dann die würzig gerösteten Kichererbsen zum Aufbewahren in eine luftdicht schließende Dose füllen. Sie sind etwa 4–5 Tage haltbar.

VG VT LF GF ZF

PHASE 1

Knusperkörnerriegel

Zubereitung 12 Minuten plus 24 Stunden Ruhezeit und 45–50 Minuten Backzeit
Ergibt 24 Stück

70 g natives Kokosöl
150 g 5- oder 6-Kornflocken
140 g Sonnenblumenkerne
90 g Leinsamen
40 g Kürbiskerne
40 g gemahlene Flohsamenschalen
30 g Cashewkerne
9 g Fleur de Sel oder ein anderes Meersalz
1 EL Ahornsirup

Nährwerte pro Portion
118 kcal
E 4 g, F 8 g, KH 5 g, B 4 g

Ein kleines Backblech (25 × 38 cm) mit Backpapier auslegen. • Das **Kokosöl** in einem kleinen Topf leicht erwärmen, bis es geschmolzen ist. Dann alle restlichen **Zutaten** in die Rührschüssel der Küchenmaschine geben, 350 ml kochend heißes Wasser zugießen und mit dem Flachrührer auf niedriger Stufe 3–4 Minuten vermengen. • Die Masse mit einem Silikonschaber gleichmäßig auf das vorbereitete Backblech streichen und mindestens 24 Stunden im Kühlschrank kalt stellen (länger ist kein Problem). • Den Backofen auf 180 °C Umluft vorheizen. Ein Backblech mit Backpapier auslegen. Das kleine Backblech aus dem Kühlschrank nehmen, das Backpapier mit der Körnermasse auf ein Schneidebrett ziehen und in 24 oder nach Belieben mehr Stücke schneiden. Die Stücke nebeneinander auf das vorbereitete Backblech setzen und im vorgeheizten Ofen 45–50 Minuten knusprig backen. • Aus dem Ofen nehmen, die Knusperkörnerriegel auf ein Kuchengitter setzen und 10–15 Minuten auskühlen lassen. Dann genießen oder in eine luftdicht verschließbare Vorratsdose füllen. Sie halten sich bis zu 1 Woche.

TIPP VON DOC FLECK

Diese Knusperkörnerriegel sind ideal für einen Notfallsnack zwischendurch. Sie lassen sich natürlich prima einpacken.

Bruschetta mit Avocado

Bruschetta mit Ei und Gurke

VG VT LF GF ZF

PHASE 2

Bruschetta mit Avocado

Nährwerte pro Person 671 kcal – E 22 g, F 41 g, KH 40 g, B 10 g

Zubereitung 12–15 Minuten
Für 2 Personen

Für die Brote
2 Scheiben Dinkelbrot (à 50 g)
250 g Magerquark
2 EL Olivenöl extra vergine
Salz und Pfeffer
1 Prise Chiliflocken
20 g in Öl eingelegte Tomaten, abgetropft und gewürfelt
5 pikant marinierte, entsteinte grüne Oliven (insgesamt 30 g), gewürfelt
5 Basilikumblätter, in feine Streifen geschnitten

Für die Garnierung
1 reife Avocado (250 g)
4 in Öl eingelegte Tomaten (insgesamt 40–50 g), abgetropft und längs halbiert
8–10 pikant marinierte, entsteinte grüne Oliven (50–60 g), halbiert
Chiliflocken und Basilikum (nach Belieben)

Für die Brote die **Dinkelbrotscheiben** halbieren und ohne Fettzugabe in einer Grillpfanne von beiden Seiten rösten. Herausnehmen. • Inzwischen den **Magerquark** mit dem **Olivenöl** verrühren und mit **Salz** und **Pfeffer** abschmecken. **Chiliflocken,** gewürfelte **Tomaten, Oliven** und **Basilikum** einrühren. • Für die Garnierung die **Avocado** längs halbieren, entkernen und schälen. Das Fruchtfleisch in längliche Stücke schneiden. • Die Quarkmischung auf die Brothälften streichen. Mit Avocado, halbierten **Tomaten** und **Oliven** belegen. Die Bruschettas auf zwei Teller setzen und nach Belieben mit **Chiliflocken** und **Basilikum** garniert servieren.

VG VT LF GF ZF

PHASE 2

Bruschetta mit Ei und Gurke

Nährwerte pro Person 474 kcal – E 38 g, F 22 g, KH 28 g, B 3 g

Zubereitung 10 Minuten
Für 2 Personen

4 zimmerwarme Eier (Größe L)
2 Scheiben Dinkelbrot (à 50 g)
250 g Ricotta (20 % Fett)
Salz und Pfeffer
1 Minisalatgurke (120–140 g)
klein geschnittene Kräuter

Die **Eier** 7 Minuten wachsweich kochen. Abschrecken, schälen und beiseitestellen. • Die **Dinkelbrotscheiben** halbieren und ohne Fettzugabe in einer Grillpfanne von beiden Seiten rösten. • **Ricotta** mit **Salz** und **Pfeffer** würzen und auf die Brothälften streichen. • Mit dem Sparschäler von der **Minigurke** der Länge nach Streifen abziehen und auf die Brote legen. Die Eier längs halbieren, **salzen** und ebenfalls darauflegen. Die Bruschettas auf zwei Teller setzen und mit **Kräutern** garnieren.

Bruschetta mit Ziegenkäse

Bruschetta mit grünem Spargel

VG VT LF GF ZF

PHASE 2

Bruschetta mit Ziegenkäse

Nährwerte pro Person 544 kcal – E 17 g, F 35 g, KH 37 g, B 7 g

Zubereitung 8–10 Minuten
Für 2 Personen

2 große Scheiben Dinkelbrot (à 50 g)
1 Birne (200 g), in 8 Spalten geschnitten und entkernt
2–3 EL Olivenöl extra vergine
140–160 g Ziegenfrischkäserolle
1 kleine Sternfrucht (ca. 80 g), in Scheiben geschnitten
25 g Walnusskerne, grob zerkleinert
8 kleine Romanasalatherzblätter (insgesamt 40–50 g)

Die **Dinkelbrotscheiben** halbieren und ohne Fettzugabe in einer Grillpfanne von beiden Seiten rösten. Herausnehmen. • Dann die **Birnenstücke** in der Grillpfanne ebenfalls ohne Fettzugabe grillen. • **Olivenöl** auf die gerösteten Brotscheiben träufeln. Den **Ziegenfrischkäse** in Scheiben schneiden und gleichmäßig auf die Brotscheiben geben. **Sternfrucht, Walnüsse,** Birnenspalten und **Salatblätter** darauf verteilen, die Bruschettas auf zwei Teller setzen und genießen.

VG VT LF GF ZF

PHASE 2

Bruschetta mit grünem Spargel

Nährwerte pro Person 417 kcal – E 24 g, F 21 g, KH 29 g, B 5 g

Zubereitung 15 Minuten
Für 2 Personen

2 große Scheiben Dinkelbrot (à 50 g)
12 frische Stangen grüner Spargel (insgesamt ca. 250 g)
1 EL Erdnussöl
250 g Magerquark
2 EL Haselnussöl oder anderes Nussöl
Meersalz
schwarzer Pfeffer aus der Mühle
25 g Haselnusskerne, grob gehackt

Die **Dinkelbrotscheiben** halbieren und ohne Fettzugabe in einer Grillpfanne von beiden Seiten rösten. Aus der Pfanne nehmen. • Inzwischen den **Spargel** waschen, die Enden 1–2 cm abschneiden, mit dem **Erdnussöl** einreiben und in der heißen Grillpfanne, in der das Brot geröstet wurde, bei mittlerer Hitze 10–12 Minuten braten, dabei gelegentlich wenden. • In der Zwischenzeit den **Magerquark** mit dem **Haselnussöl** verrühren und gut mit **Salz** und **Pfeffer** würzen. • Die Quarkmischung auf die gerösteten Brote streichen und mit den gehackten **Haselnüssen** bestreuen. Den fertig gebratenen Spargel darauflegen und mit etwas **Salz** würzen. Die Bruschettas auf zwei Teller setzen und servieren.

Frühstück
Salate
Suppen
Fisch
Fleisch
Veggie
Snacks
Drinks

Schwarzer Eistee mit Johannisbeersaft

Hibiskus-Eistee

VG VT LF GF ZF

PHASE 1

Schwarzer Eistee mit Johannisbeersaft

Nährwerte pro Person 24 kcal – E 0 g, F 0 g, KH 5 g, B 0 g

Zubereitung 5 Minuten plus 10 Minuten Ruhezeit und 30 Minuten Kühlzeit
Ergibt ca. 1 Liter

2–3 TL loser schwarzer Tee
1 Minisalatgurke (ca. 100 g)
200 g Roter Johannisbeersaft, gekühlt
300 g kohlensäurehaltiges Mineralwasser, gekühlt
Saft von ½ Zitrone
12–14 Eiswürfel
2 Scheiben Biozitrone, halbiert

Für den Tee die losen **Teeblätter** in ein hitzebeständiges hohes Gefäß geben. 500 ml Wasser zum Kochen bringen, über den Tee gießen, gut durchrühren und 10 Minuten ziehen lassen. • Den Tee durch ein feines Sieb in einen Krug abseihen und 30 Minuten im Kühlschrank kalt stellen. • Für die Garnierung die **Gurke** waschen und zwei Drittel der Gurke in kleine Würfel schneiden. Den Rest schräg halbieren und leicht einschneiden. • Nach der Kühlzeit **Johannisbeersaft, Mineralwasser** und **Zitronensaft** in den Tee einrühren. • Die **Eiswürfel** auf zwei große Gläser verteilen und den gekühlten Tee eingießen. Jeweils eine **Zitronenscheibenhälfte** und die Gurkenwürfel mit in die Gläser geben. Restliche **Zitronenscheiben** und Gurkenstücke dekorativ ans Glas stecken und servieren. Den restlichen Tee nach Belieben nachgießen.

VG VT LF GF ZF

PHASE 1

Hibiskus-Eistee

Nährwerte pro Person 7 kcal – E 0 g, F 0 g, KH 1 g, B 0 g

Zubereitung 5–8 Minuten plus 12–14 Minuten Ruhezeit und 60 Minuten Kühlzeit
Ergibt ca. 1 Liter

6 Beutel Hibiskustee
¼–½ Bioorange (60–125 g)
500 g kohlensäurehaltiges Mineralwasser, gekühlt
Saft von ½ Zitrone
12–14 Eiswürfel
1 Scheibe Bioorange, halbiert
2 Zweige Rosmarin

Die **Teebeutel** in ein hitzebeständiges hohes Gefäß geben. 500 ml Wasser zum Kochen bringen, über den Tee gießen, gut durchrühren und 12–14 Minuten ziehen lassen. • Die Teebeutel entfernen und den Tee 60 Minuten im Kühlschrank kalt stellen. • Die **Orange** waschen, mit Schale klein schneiden, nach der Kühlzeit mit **Mineralwasser** und **Zitronensaft** in den kalten Tee geben und vermengen. • Die **Eiswürfel** auf zwei große Gläser verteilen und den gekühlten Hibiskus-Eistee angießen. **Orangenscheiben** ans Glas stecken, mit dem **Rosmarin** garnieren und servieren. Den restlichen Tee nach Belieben nachgießen.

Hagebutten-Eistee
Grüner Eistee

VG VT LF GF ZF

PHASE 1

Hagebutten-Eistee

Nährwerte pro Person 36 kcal – E 1 g, F 0 g, KH 6 g, B 1 g

Zubereitung 5 Minuten plus 10 Minuten Ruhezeit und 30 Minuten Kühlzeit
Ergibt ca. 1 Liter

125 g Rote Johannisbeeren, Beeren abgezupft
6 Beutel Hagebuttentee
150 ml Kirschsaft, gekühlt
350 ml kohlensäurehaltiges Mineralwasser, eiskalt gekühlt
Saft von ½–1 Limette
2 Rispen Rote Johannisbeeren
2 Zweige Thymian

Die **Johannisbeeren** in einer Eiswürfelform verteilen, mit Wasser auffüllen und im Gefrierfach 2–3 Stunden gefrieren (länger ist kein Problem). • Die **Hagebuttenteebeutel** in ein hitzebeständiges hohes Gefäß geben. 500 ml Wasser zum Kochen bringen, über den Tee gießen, gut durchrühren und 12–14 Minuten ziehen lassen. • Teebeutel entfernen und den Tee mindestens 60 Minuten im Kühlschrank kalt stellen. • Nach der Kühlzeit **Kirschsaft, Mineralwasser** und **Limettensaft** zum kalten Tee geben und verrühren. • So viele Johannisbeereiswürfel wie erwünscht aus der Form lösen, auf zwei große Gläser verteilen und mit dem gut gekühlten Tee angießen. Den Hagebutten-Eistee mit **Johannisbeerrispen** und **Thymian** garnieren und genießen. Den restlichen Tee nach Belieben nachgießen.

VG VT LF GF ZF

PHASE 1

Grüner Eistee

Nährwerte pro Person 7 kcal – E 0 g, F 0 g, KH 1 g, B 0 g

Zubereitung 5 Minuten plus 7 Minuten Ruhezeit und 3–4 Stunden Kühlzeit
Ergibt ca. 1 Liter

je 6–8 weiße und blaue Weintrauben
2 TL grüner Tee (lose Blätter)
500 ml kohlensäurehaltiges Mineralwasser, eiskalt gekühlt
Saft von 1 Zitrone
1 Biolimette, heiß abgewaschen und in kleine Stücke geschnitten
2 Biolimettenspalten

Die **Weintrauben** in einer Eiswürfelform verteilen, mit Wasser auffüllen und im Gefrierfach 2–3 Stunden gefrieren. • 500 ml Wasser zum Kochen bringen, vom Herd nehmen und 5 Minuten stehen lassen. Die **Teeblätter** in ein hitzebeständiges hohes Gefäß geben, das leicht abgekühlte heiße Wasser über den Tee gießen, gut durchrühren und 2 Minuten ziehen lassen. • Den Tee durch ein feines Sieb in einen Krug abseihen und im Kühlschrank 60 Minuten kalt stellen. • Nach der Kühlzeit **Mineralwasser, Zitronensaft** und **Limettenstücke** zum gut gekühlten Tee geben und verrühren. • Eiswürfel aus der Form lösen, auf zwei große Gläser verteilen und den Tee angießen. Eistee mit den **Limettenspalten** garnieren und servieren. Den restlichen Tee nach Belieben nachgießen.

1
2
3
4

VG VT LF GF ZF

Aromawasser

PHASE 1

1 Beeren und Zitronenmelisse

Zutaten

125 g Beeren (z. B. Blaubeeren, Himbeeren und Brombeeren), ggf. entstielt; 2–3 Stängel Zitronenmelisse

PHASE 1

2 Gurke und Basilikum

Zutaten

100 g Salatgurke, geschält und gewürfelt; 1–2 Stängel Basilikum, Blättchen abgezupft

PHASE 1

3 Zitrone und frische Minze

Zutaten

½ Biozitrone, in Scheiben geschnitten; 2–3 Stängel Minze

PHASE 2

4 Wassermelone, Limette und Minze

Zutaten

100–150 g Wassermelonenfruchtfleisch, entkernt und gewürfelt; Saft von ½ Limette; 2–3 Stängel Minze; 1 Biolimette, in Scheiben geschnitten

Ausreichend zu trinken, ist für sämtliche Stoffwechselprozesse äußerst wichtig. Vor allem im Sommer bei hohen Temperaturen neigt der Körper dazu, rasch zu dehydratisieren. Um schnell den Durst zu löschen, greifen viele dann zu gezuckerten Limonaden mit Konservierungs- und Farbstoffen. Das sollte jedoch vermieden werden. Optimal ist selbst gemachtes Aromawasser. Es versorgt den Körper mit einer ausreichenden Menge Flüssigkeit und liefert dank seiner Zutaten wichtige Nährstoffe. Durch den fruchtig-frischen Geschmack ist Aromawasser vor allem für Trinkmuffel eine gute Alternative zu stillem Wasser.

Grundzubereitung

Alle **Zutaten** in einen verschließbaren Glaskrug oder ein großes Einmachglas mit Deckel füllen und ein Liter stilles Mineralwasser aufgießen. Anschließend im Kühlschrank einige Stunden ziehen lassen. Zum Servieren in Gläser füllen und nach Belieben mit Eiswürfeln auffüllen.

TIPP VON DOC FLECK

Abgefüllt in gut verschließbare Isolierflaschen, eignen sich diese erfrischenden Getränkevarianten ausgezeichnet für unterwegs. Gut gekühlt, hält sich das Aromawasser 2–3 Tage.

Rezeptregister

Apfel-Meerrettich-Kompott 127
Aromawasser 181
Asia-Dip 91
Asiatisches Curry mit Gemüsenudeln 89
Auberginenscheiben mit Haselnusskruste und Rosmarin-Knoblauch-Dip 135
Avocado, gebratene, auf Couscous 153
Avocado-Gurken-Smoothie mit Kichererbsen und Minze 27
Blumenkohl-Curry-Suppe 75
Bohnen-Miso-Dip 43
Brokkolipfanne mit Avocado und Steakstreifen 115
Brokkoli-Quinoa-Salat mit Miso-Mandelmus-Dressing 53
Bruschetta mit Avocado 171
Bruschetta mit Ei und Gurke 171
Bruschetta mit grünem Spargel 173
Bruschetta mit Ziegenkäse 173
Büffelmozzarella mit pfannengebratenen Kirschtomaten, Mangowürfeln und Basilikumöl 51
Butternut-Kürbis, gefüllter, mit Grünkohl, Tomaten und Feta 159
Chili-Limetten-Schmand-Dip 83
Curry, asiatisches, mit Gemüsenudeln 89
Doc-Fleck-Frühstück mit Beeren – Original 31
Doc-Fleck-Frühstück mit Gurke und Dill 31
Doc Flecks Karotten-Mandel-Brot 33
Doc Flecks veganes Mandel-Saaten-Brot 35
Eistee, grüner 179
Eistee, schwarzer, mit Johannisbeersaft 177
Erbsen-Basilikum-Hummus 165
Erbsen-Minz-Suppe, feine, mit marinierten Avocadostücken 71
Erbsen-Zucchini-Püree 79
Erdnuss-Lauch-Curry 121
Feine Erbsen-Minz-Suppe mit marinierten Avocadostücken 71
Feldsalat mit Röstkarotten und Walnüssen 41
Fisch-Tacos mit Chili-Limetten-Schmand-Dip 83
Frühstücks-Hirse-Bowl 37
Frühstücksrührei mit Champignons und Lachs 29
Gazpacho, weiße 61
Gebratene Avocado auf Couscous 153
Geflügelfrikadellen mit Salat und gebratener Mandarine 105
Gefüllter Butternut-Kürbis mit Grünkohl, Tomaten und Feta 159
Gefüllte Zucchini mit Käse-Nuss-Kruste 117
Granatapfel-Tomaten-Salat 49
Grüner Eistee 179
Grüner Spargel mit Linsen-Gremolata 123
Grünkohl-Smoothie mit Melone und Mandelmus 37
Gurken-Apfel-Salat mit Dill, Frühlingszwiebeln und Pistazien 47
Hagebutten-Eistee 179
Hähnchen-Tacos mit Tomatensalsa und Knoblauchcreme 107
Hibiskus-Eistee 177
Hummus mit getrockneten Tomaten und geschmolzenen Tomatenwürfeln 165
Joghurtdip 149
Kabeljau auf Ratatouille 95
Karotten-Mandel-Brot, Doc Flecks 33
Karottennudeln mit Kräutern, Nüssen und Hähnchenfilet 101
Karotten-Pastinaken-Stampf mit pochiertem Ei 125
Kichererbsensalat mit Kräutern 55
Kichererbsen-Spinat-Curry mit Kokosmilch 145
Kichererbsensuppe mit Paprika und Estragon 69
Kichererbsen, würzig geröstete 167
Knabberspaß mit gerösteten Nüssen und Kernen 167
Knoblauchcreme 107
Knusperkörnerriegel 169
Kohlrabirisotto mit Rinderhackfleisch 111
Kohlrabisuppe, vegane, mit Mandelblättchen 67
Kokossuppe mit Spinat, Erbsen, grüner Thai-Currypaste und Garnelenspieß 59
Kürbissuppe mit Orangensaft, Ziegenfrischkäse und Kürbiskern-Topping 73
Kürbis-Zucchini-Feta-Auflauf 161
Lachs auf Pfannengemüse mit Ingwer 87
Lammfilets mit roten Linsen und Mango 109
Lauchkuchen mit Brokkoliboden 147
Lauwarmer Salat mit gebackenem Gemüse, Bohnen-Miso-Dip und Sonnenblumenkernen 43
Linsenfrikadellen auf Spinat mit Joghurtdip 149
Linsen-Gremolata 123
Linsen-Kokos-Dal mit Karotte und Sellerie 131
Linsen-Tomaten-Ragout, rotes, mit verlorenem Ei 143
Mandel-Saaten-Brot, Doc Flecks veganes 35
Miso-Mandelmus-Dressing 53
Nudeln aus Erbsenmehl mit Brokkoli und Hähnchenbruststreifen 103
Omelette mit roter Paprika und Frühlingszwiebeln 129
Paprika-Hackfleisch-Pfanne mit Bohnen und Feta 113
Pastinakencreme 157
Pastinakengemüse mit Linsen, Frühlingszwiebeln und Orangensaftreduktion 137
Petersilien-Pancakes mit Pastinakencreme 157
Pilzpfanne mit Maronen, Rosmarin und Rauchsalz zu Selleriepüree 139
Pizza mit Zucchiniboden mediterran 151
Quark-Spinat-Plätzchen mit geschmorten Kirschtomaten 141
Ratatouille 95
Riesengarnelen auf Erbsen-Zucchini-Püree 79
Rosmarin-Knoblauch-Dip 135
Rote-Bete-Suppe mit Kokosmilch 65
Rotes Linsen-Tomaten-Ragout mit verlorenem Ei 143
Salat, lauwarmer, mit gebackenem Gemüse, Bohnen-Miso-Dip und Sonnenblumenkernen 43
Salat mit Süßkartoffelwürfeln, schwarzen Bohnen und Frühlingszwiebeln auf Spinat 45
Schwarzer Eistee mit Johannisbeersaft 177
Sellerie-Rösti mit Apfel-Meerrettich-Kompott 127
Sesam-Koriander-Topping 63
Smoothie-Bowl mit weißen Bohnen, Avocado, Mango und Kokoschips 27
Sommerrollen mit Asia-Dip 91
Spargel, grüner, mit Linsen-Gremolata 123
Süßkartoffel-Fisch-Curry mit Zitronengras 85
Süßkartoffel-Kumpir mit Kirschtomaten und Feta 133
Thunfisch-Bowl 97
Tomatensalsa 107
Vegane Kohlrabisuppe mit Mandelblättchen 67
Weiße Gazpacho 61
Weltklasse-Flammkuchen mit Lachs 81
Wolfsbarschfilet auf Belugalinsen-Gemüse 93
Würzig geröstete Kichererbsen 167
Zucchini, gefüllte, mit Käse-Nuss-Kruste 117
Zucchini-Mandel-Suppe mit Sesam-Koriander-Topping 63
Zucchiniröllchen mit Ricotta-Cashew-Füllung 155

Zutatenregister

Apfel
Gurken-Apfel-Salat mit Dill, Frühlingszwiebeln und Pistazien 47
Sellerie-Rösti mit Apfel-Meerrettich-Kompott 127
Aubergine
Auberginenscheiben mit Haselnusskruste und Rosmarin-Knoblauch-Dip 135
Kabeljau auf Ratatouille 95
Avocado
Avocado-Gurken-Smoothie mit Kichererbsen und Minze 27
Brokkolipfanne mit Avocado und Steakstreifen 115
Bruschetta mit Avocado 171
Erbsen-Basilikum-Hummus 165
Feine Erbsen-Minz-Suppe mit marinierten Avocadostücken 71
Gebratene Avocado auf Couscous 153
Smoothie-Bowl mit weißen Bohnen, Avocado, Mango und Kokoschips 27
Beeren
Aromawasser 181
Doc-Fleck-Frühstück mit Beeren – Original 31
Frühstücks-Hirse-Bowl 37
Hagebutten-Eistee 179
Bergkäse
Lauchkuchen mit Brokkoliboden 147
Birne
Bruschetta mit Ziegenkäse 173
Blumenkohl
Blumenkohl-Curry-Suppe 75
Lauwarmer Salat mit gebackenem Gemüse, Bohnen-Miso-Dip und Sonnenblumenkernen 43
Bohnen
Lauwarmer Salat mit gebackenem Gemüse, Bohnen-Miso-Dip und Sonnenblumenkernen 43
Paprika-Hackfleisch-Pfanne mit Bohnen und Feta 113
Salat mit Süßkartoffelwürfeln, schwarzen Bohnen und Frühlingszwiebeln auf Spinat 45
Smoothie-Bowl mit weißen Bohnen, Avocado, Mango und Kokoschips 27
Weiße Gazpacho 61
Brokkoli
Brokkolipfanne mit Avocado und Steakstreifen 115
Brokkoli-Quinoa-Salat mit Miso-Mandelmus-Dressing 53
Lauchkuchen mit Brokkoliboden 147
Nudeln aus Erbsenmehl mit Brokkoli und Hähnchenbruststreifen 103
Süßkartoffel-Fisch-Curry mit Zitronengras 85
Cashewkerne
Gebratene Avocado auf Couscous 153
Knabberspaß mit gerösteten Nüssen und Kernen 167
Knusperkörnerriegel 169
Zucchiniröllchen mit Ricotta-Cashew-Füllung 155
Champignons
Frühstücksrührei mit Champignons und Lachs 29
Pilzpfanne mit Maronen, Rosmarin und Rauchsalz zu Selleriepüree 139
Chiasamen
Doc Flecks veganes Mandel-Saaten-Brot 35
Couscous
Gebratene Avocado auf Couscous 153
Datteln
Grünkohl-Smoothie mit Melone und Mandelmus 37
Eier
Bruschetta mit Ei und Gurke 171
Doc Flecks Karotten-Mandel-Brot 33
Frühstücksrührei mit Champignons und Lachs 29
Karotten-Pastinaken-Stampf mit pochiertem Ei 125
Kürbis-Zucchini-Feta-Auflauf 161
Lauchkuchen mit Brokkoliboden 147
Omelette mit roter Paprika und Frühlingszwiebeln 129
Petersilien-Pancakes mit Pastinakencreme 157
Pizza mit Zucchiniboden mediterran 151
Quark-Spinat-Plätzchen mit geschmorten Kirschtomaten 141
Rotes Linsen-Tomaten-Ragout mit verlorenem Ei 143
Sellerie-Rösti mit Apfel-Meerrettich-Kompott 127
Thunfisch-Bowl 97
Weltklasse-Flammkuchen mit Lachs 81
Erbsen
Erbsen-Basilikum-Hummus 165
Feine Erbsen-Minz-Suppe mit marinierten Avocadostücken 71
Kokossuppe mit Spinat, Erbsen, grüner Thai-Currypaste und Garnelenspieß 59
Riesengarnelen auf Erbsen-Zucchini-Püree 79
Erdnusskerne
Erdnuss-Lauch-Curry 121
Feldsalat
Feldsalat mit Röstkarotten und Walnüssen 41
Grünkohl-Smoothie mit Melone und Mandelmus 37
Feta
Gefüllter Butternut-Kürbis mit Grünkohl, Tomaten und Feta 159
Kürbis-Zucchini-Feta-Auflauf 161
Paprika-Hackfleisch-Pfanne mit Bohnen und Feta 113
Pizza mit Zucchiniboden mediterran 151
Süßkartoffel-Kumpir mit Kirschtomaten und Feta 133
Flohsamenschalen
Doc Flecks Karotten-Mandel-Brot 33
Doc Flecks veganes Mandel-Saaten-Brot 35
Frühlingszwiebeln
Asiatisches Curry mit Gemüsenudeln 89
Brokkoli-Quinoa-Salat mit Miso-Mandelmus-Dressing 53
Erbsen-Basilikum-Hummus 165
Frühstücksrührei mit Champignons und Lachs 29
Gefüllte Zucchini mit Käse-Nuss-Kruste 117
Gurken-Apfel-Salat mit Dill, Frühlingszwiebeln und Pistazien 47
Kürbis-Zucchini-Feta-Auflauf 161
Omelette mit roter Paprika und Frühlingszwiebeln 129
Pastinakengemüse mit Linsen, Frühlingszwiebeln und Orangensaftreduktion 137
Salat mit Süßkartoffelwürfeln, schwarzen Bohnen und Frühlingszwiebeln auf Spinat 45
Sommerrollen mit Asia-Dip 91
Süßkartoffel-Kumpir mit Kirschtomaten und Feta 133
Garnelen
Asiatisches Curry mit Gemüsenudeln 89
Kokossuppe mit Spinat, Erbsen, grüner Thai-Currypaste und Garnelenspieß 59
Riesengarnelen auf Erbsen-Zucchini-Püree 79
Sommerrollen mit Asia-Dip 91
Granatapfel
Granatapfel-Tomaten-Salat 49
Grünkohl
Gefüllter Butternut-Kürbis mit Grünkohl, Tomaten und Feta 159
Grünkohl-Smoothie mit Melone und Mandelmus 37

Gurke
Aromawasser 181
Avocado-Gurken-Smoothie mit Kichererbsen und Minze 27
Bruschetta mit Ei und Gurke 171
Doc-Fleck-Frühstück mit Gurke und Dill 31
Fisch-Tacos mit Chili-Limetten-Schmand-Dip 83
Grünkohl-Smoothie mit Melone und Mandelmus 37
Gurken-Apfel-Salat mit Dill, Frühlingszwiebeln und Pistazien 47
Schwarzer Eistee mit Johannisbeersaft 177
Sommerrollen mit Asia-Dip 91
Thunfisch-Bowl 97
Haferflocken
Linsenfrikadellen auf Spinat mit Joghurtdip 149
Pizza mit Zucchiniboden mediterran 151
Quark-Spinat-Plätzchen mit geschmorten Kirschtomaten 141
Hähnchenfleisch
Geflügelfrikadellen mit Salat und gebratener Mandarine 105
Hähnchen-Tacos mit Tomatensalsa und Knoblauchcreme 107
Karottennudeln mit Kräutern, Nüssen und Hähnchenfilet 101
Nudeln aus Erbsenmehl mit Brokkoli und Hähnchenbruststreifen 103
Hanfsamen
Doc Flecks Karotten-Mandel-Brot 33
Haselnusskerne
Bruschetta mit grünem Spargel 173
Knabberspaß mit gerösteten Nüssen und Kernen 167
Hirse
Frühstücks-Hirse-Bowl 37
Joghurt
Blumenkohl-Curry-Suppe 75
Doc-Fleck-Frühstück mit Beeren – Original 31
Frühstücks-Hirse-Bowl 37
Gefüllte Zucchini mit Käse-Nuss-Kruste 117
Hähnchen-Tacos mit Tomatensalsa und Knoblauchcreme 107
Linsenfrikadellen auf Spinat mit Joghurtdip 149
Karotten
Asiatisches Curry mit Gemüsenudeln 89
Brokkoli-Quinoa-Salat mit Miso-Mandelmus-Dressing 53
Doc Flecks Karotten-Mandel-Brot 33
Feldsalat mit Röstkarotten und Walnüssen 41
Karottennudeln mit Kräutern, Nüssen und Hähnchenfilet 101
Karotten-Pastinaken-Stampf mit pochiertem Ei 125
Lachs auf Pfannengemüse mit Ingwer 87
Lauwarmer Salat mit gebackenem Gemüse, Bohnen-Miso-Dip und Sonnenblumenkernen 43
Linsen-Kokos-Dal mit Karotte und Sellerie 131
Sommerrollen mit Asia-Dip 91
Wolfsbarschfilet auf Belugalinsen-Gemüse 93
Kartoffeln
Sellerie-Rösti mit Apfel-Meerrettich-Kompott 127
Kichererbsen
Asiatisches Curry mit Gemüsenudeln 89
Avocado-Gurken-Smoothie mit Kichererbsen und Minze 27
Hummus mit getrockneten Tomaten und geschmolzenen Tomatenwürfeln 165
Kichererbsensalat mit Kräutern 55
Kichererbsen-Spinat-Curry mit Kokosmilch 145
Kichererbsensuppe mit Paprika und Estragon 69
Würzig geröstete Kichererbsen 167
Kohlrabi
Kohlrabirisotto mit Rinderhackfleisch 111
Vegane Kohlrabisuppe mit Mandelblättchen 67
Kräuterseitlinge
Pilzpfanne mit Maronen, Rosmarin und Rauchsalz zu Selleriepüree 139
Kürbis
Gefüllter Butternut-Kürbis mit Grünkohl, Tomaten und Feta 159
Kürbissuppe mit Orangensaft, Ziegenfrischkäse und Kürbiskern-Topping 73
Kürbis-Zucchini-Feta-Auflauf 161
Kürbiskerne
Blumenkohl-Curry-Suppe 75
Knabberspaß mit gerösteten Nüssen und Kernen 167
Knusperkörnerriegel 169
Kürbissuppe mit Orangensaft, Ziegenfrischkäse und Kürbiskern-Topping 73
Pastinakengemüse mit Linsen, Frühlingszwiebeln und Orangensaftreduktion 137
Lachs
Frühstücksrührei mit Champignons und Lachs 29
Lachs auf Pfannengemüse mit Ingwer 87
Weltklasse-Flammkuchen mit Lachs 81
Lammfleisch
Lammfilets mit roten Linsen und Mango 109
Lauch
Blumenkohl-Curry-Suppe 75
Erdnuss-Lauch-Curry 121
Lachs auf Pfannengemüse mit Ingwer 87
Lauchkuchen mit Brokkoliboden 147
Weiße Gazpacho 61
Weltklasse-Flammkuchen mit Lachs 81
Leinsamen
Doc Flecks Karotten-Mandel-Brot 33
Doc Flecks veganes Mandel-Saaten-Brot 35
Knusperkörnerriegel 169
Linsen
Grüner Spargel mit Linsen-Gremolata 123
Lammfilets mit roten Linsen und Mango 109
Linsenfrikadellen auf Spinat mit Joghurtdip 149
Linsen-Kokos-Dal mit Karotte und Sellerie 131
Pastinakengemüse mit Linsen, Frühlingszwiebeln und Orangensaftreduktion 137
Rotes Linsen-Tomaten-Ragout mit verlorenem Ei 143
Wolfsbarschfilet auf Belugalinsen-Gemüse 93
Mandarine
Geflügelfrikadellen mit Salat und gebratener Mandarine 105
Mandelkerne
Doc Flecks veganes Mandel-Saaten-Brot 35
Frühstücks-Hirse-Bowl 37
Knabberspaß mit gerösteten Nüssen und Kernen 167
Mango
Büffelmozzarella mit pfannengebratenen Kirschtomaten, Mangowürfeln und Basilikumöl 51
Lammfilets mit roten Linsen und Mango 109
Smoothie-Bowl mit weißen Bohnen, Avocado, Mango und Kokoschips 27
Maronen
Pilzpfanne mit Maronen, Rosmarin und Rauchsalz zu Selleriepüree 139
Melone
Aromawasser 181
Grünkohl-Smoothie mit Melone und Mandelmus 37
Mozzarella
Büffelmozzarella mit pfannengebratenen Kirschtomaten, Mangowürfeln und Basilikumöl 51
Gebratene Avocado auf Couscous 153
Oliven
Bruschetta mit Avocado 171
Thunfisch-Bowl 97
Orange
Hibiskus-Eistee 177
Paprika
Fisch-Tacos mit Chili-Limetten-Schmand-Dip 83
Kabeljau auf Ratatouille 95
Kichererbsensuppe mit Paprika und Estragon 69

Omelette mit roter Paprika und Frühlingszwiebeln 129
Paprika-Hackfleisch-Pfanne mit Bohnen und Feta 113
Süßkartoffel-Fisch-Curry mit Zitronengras 85

Parmesan
Kohlrabirisotto mit Rinderhackfleisch 111

Pastinake
Karotten-Pastinaken-Stampf mit pochiertem Ei 125
Paprika-Hackfleisch-Pfanne mit Bohnen und Feta 113
Pastinakengemüse mit Linsen, Frühlingszwiebeln und Orangensaftreduktion 137
Petersilien-Pancakes mit Pastinakencreme 157
Wolfsbarschfilet auf Belugalinsen-Gemüse 93

Pekannusskerne
Karottennudeln mit Kräutern, Nüssen und Hähnchenfilet 101

Petersilienwurzel
Wolfsbarschfilet auf Belugalinsen-Gemüse 93

Pinienkerne
Hähnchen-Tacos mit Tomatensalsa und Knoblauchcreme 107
Kohlrabirisotto mit Rinderhackfleisch 111

Pistazienkerne
Brokkoli-Quinoa-Salat mit Miso-Mandelmus-Dressing 53
Granatapfel-Tomaten-Salat 49
Grüner Spargel mit Linsen-Gremolata 123
Gurken-Apfel-Salat mit Dill, Frühlingszwiebeln und Pistazien 47

Quark
Auberginenscheiben mit Haselnusskruste und Rosmarin-Knoblauch-Dip 135
Bruschetta mit Avocado 171
Bruschetta mit grünem Spargel 173
Doc-Fleck-Frühstück mit Beeren – Original 31
Doc Flecks Karotten-Mandel-Brot 33
Quark-Spinat-Plätzchen mit geschmorten Kirschtomaten 141
Weltklasse-Flammkuchen mit Lachs 81

Quinoa
Brokkoli-Quinoa-Salat mit Miso-Mandelmus-Dressing 53

Radicchio
Gebratene Avocado auf Couscous 153
Lauwarmer Salat mit gebackenem Gemüse, Bohnen-Miso-Dip und Sonnenblumenkernen 43

Radieschen
Kohlrabirisotto mit Rinderhackfleisch 111

Rettich
Asiatisches Curry mit Gemüsenudeln 89

Ricotta
Bruschetta mit Ei und Gurke 171
Zucchiniröllchen mit Ricotta-Cashew-Füllung 155

Rindfleisch
Brokkolipfanne mit Avocado und Steakstreifen 115
Gefüllte Zucchini mit Käse-Nuss-Kruste 117
Kohlrabirisotto mit Rinderhackfleisch 111
Paprika-Hackfleisch-Pfanne mit Bohnen und Feta 113

Rotbarsch
Fisch-Tacos mit Chili-Limetten-Schmand-Dip 83

Rote Bete
Lauwarmer Salat mit gebackenem Gemüse, Bohnen-Miso-Dip und Sonnenblumenkernen 43
Rote-Bete-Suppe mit Kokosmilch 65

Rucola
Kohlrabirisotto mit Rinderhackfleisch 111

Seelachs
Süßkartoffel-Fisch-Curry mit Zitronengras 85

Sellerie
Linsen-Kokos-Dal mit Karotte und Sellerie 131
Pilzpfanne mit Maronen, Rosmarin und Rauchsalz zu Selleriepüree 139
Sellerie-Rösti mit Apfel-Meerrettich-Kompott 127
Weiße Gazpacho 61
Wolfsbarschfilet auf Belugalinsen-Gemüse 93

Sonnenblumenkerne
Doc Flecks veganes Mandel-Saaten-Brot 35
Knusperkörnerriegel 169
Lauwarmer Salat mit gebackenem Gemüse, Bohnen-Miso-Dip und Sonnenblumenkernen 43

Spargel
Bruschetta mit grünem Spargel 173
Grüner Spargel mit Linsen-Gremolata 123

Spinat
Gebratene Avocado auf Couscous 153
Kichererbsen-Spinat-Curry mit Kokosmilch 145
Kokossuppe mit Spinat, Erbsen, grüner Thai-Currypaste und Garnelenspieß 59
Linsenfrikadellen auf Spinat mit Joghurtdip 149
Quark-Spinat-Plätzchen mit geschmorten Kirschtomaten 141
Salat mit Süßkartoffelwürfeln, schwarzen Bohnen und Frühlingszwiebeln auf Spinat 45

Sternfrucht
Bruschetta mit Ziegenkäse 173

Süßkartoffel
Salat mit Süßkartoffelwürfeln, schwarzen Bohnen und Frühlingszwiebeln auf Spinat 45
Süßkartoffel-Fisch-Curry mit Zitronengras 85
Süßkartoffel-Kumpir mit Kirschtomaten und Feta 133

Thunfisch
Thunfisch-Bowl 97

Tomaten
Brokkolipfanne mit Avocado und Steakstreifen 115
Bruschetta mit Avocado 171
Büffelmozzarella mit pfannengebratenen Kirschtomaten, Mangowürfeln und Basilikumöl 51
Frühstücksrührei mit Champignons und Lachs 29
Gefüllter Butternut-Kürbis mit Grünkohl, Tomaten und Feta 159
Gefüllte Zucchini mit Käse-Nuss-Kruste 117
Granatapfel-Tomaten-Salat 49
Hähnchen-Tacos mit Tomatensalsa und Knoblauchcreme 107
Hummus mit getrockneten Tomaten und geschmolzenen Tomatenwürfeln 165
Pizza mit Zucchiniboden mediterran 151
Quark-Spinat-Plätzchen mit geschmorten Kirschtomaten 141
Rotes Linsen-Tomaten-Ragout mit verlorenem Ei 143
Süßkartoffel-Kumpir mit Kirschtomaten und Feta 133
Thunfisch-Bowl 97

Walnusskerne
Bruschetta mit Ziegenkäse 173
Feldsalat mit Röstkarotten und Walnüssen 41
Gefüllte Zucchini mit Käse-Nuss-Kruste 117

Weintrauben
Grüner Eistee 179

Wolfsbarsch
Wolfsbarschfilet auf Belugalinsen-Gemüse 93

Ziegenfrischkäse
Bruschetta mit Ziegenkäse 173
Kürbissuppe mit Orangensaft, Ziegenfrischkäse und Kürbiskern-Topping 73

Zucchini
Gefüllte Zucchini mit Käse-Nuss-Kruste 117
Kabeljau auf Ratatouille 95
Kürbis-Zucchini-Feta-Auflauf 161
Pizza mit Zucchiniboden mediterran 151
Riesengarnelen auf Erbsen-Zucchini-Püree 79
Zucchini-Mandel-Suppe mit Sesam-Koriander-Topping 63
Zucchiniröllchen mit Ricotta-Cashew-Füllung 155

Zuckerschoten
Lachs auf Pfannengemüse mit Ingwer 87

Das Team

DR. MED. ANNE FLECK

Dr. med. Anne Fleck ist eine international anerkannte Expertin für innovative Präventiv- und Ernährungsmedizin und Gesundheit. Als Fachärztin für Innere Medizin und Rheumatologie mit Expertise in Naturheilverfahren und ganzheitlichen Heilmethoden verfolgt sie den Ansatz aus effektiver Kombination modernster Spitzenmedizin, Zuwendung und Naturheilkunde. Sie gilt in Deutschland als Pionierin, weil sie moderne Forschung und tradierte Heilverfahren innovativ miteinander verbindet. Einem breiten Publikum bekannt ist sie aus der Fernsehserie »Die Ernährungs-Docs« (NDR Fernsehen) und als Bestsellerautorin.

Sie demonstriert mit ihrer Heilmethode, wie man auch schwere Krankheiten mit einfachen Lösungen und innovativer Ernährung lindern kann. Anne Fleck lebt in Hamburg und arbeitet in ihrer eigenen Praxis. Sie bietet zudem Beratungen, Vorträge und Seminare an (Informationen unter www.docfleck.com). Die begeisterte Hobbyseglerin liebt die Natur, kocht leidenschaftlich gern, malt und zeichnet.

HUBERTUS SCHÜLER

Der passionierte Still-Life-Fotograf Hubertus Schüler hat sein Handwerk in den perfektionistischen wie wilden Gefilden der Werbung gelernt. Nach einer Assistenzzeit in Düsseldorf arbeitet er seit 1990 als selbstständiger Fotograf in Bochum. Und das macht er mit Leib, Seele und all seinen Talenten. Sein Fotostudio ist Atelier, Requisite, Partyloft, Profiküche und Experimentieranstalt.

Er sagt, er sei Fotograf geworden, weil er nicht malen könne. Welch ein Glück für die Fotografie! Nun malt er statt mit Pinseln mit Präzision und Licht. Außerdem hat er ein großes Faible für Styling und wenn er ausnahmsweise nichts vor der Linse hat, scannt er Flohmärkte nach alten Schätzen, die ein interessantes Leben geführt und was zu erzählen haben, oder malt und schrubbt und tuscht Untergründe. Seine Fotografien wurden vielfach ausgezeichnet.

BETTINA MATTHAEI

Bettina Matthaei beschäftigt sich seit Jahrzehnten mit gutem Essen. Als vielfach ausgezeichnete Buchautorin schreibt und entwickelt sie sehr erfolgreich Kochbücher für die führenden deutschen Kochbuchverlage.

Für das Familienunternehmen, die Hamburger Manufaktur »1001 Gewürze« (www.1001gewuerze.de), sowie für andere Kunden, bekannte Köche und die gehobene Gastronomie entwickelt sie ausgefallene Gewürzmischungen. Ihre zahlreichen Reisen in die Gewürzländer der Welt inspirieren sie zu immer neuen Kreationen.

Über ihre Expertise für Gewürze und Genussthemen hinaus gilt sie als eine der angesehensten und innovativsten Küchenexpertinnen und Rezeptentwicklerinnen für die moderne Low-Carb-Ernährung.

SU VÖSSING

Su Vössing wurde 1991 als damals jüngste Sterneköchin Deutschlands mit einem Michelin-Stern ausgezeichnet. Der Weg dahin führte sie als Chef de Partie von Philippe Jorand in Münster direkt nach Paris als Souschef zu Jean-Michel Bouvier. Alain Senderens erkannte ihr außerordentliches Gespür für unverfälschte Aromen und ernannte sie nach nur drei Wochen zur Chef Saucier seines Restaurants »Lucas Carton«. In der berühmten Brasserie »La Coupole« verführte sie die Pariser Gesellschaft zum Schlemmen. Zurück in Deutschland ist sie im Bonner Restaurant »Le Marron« geadelt worden. Sie hat der bunten Kölner Welt im »La Société« aufgetischt, um von dort in Florida im »Café Europa« als Chef de Cuisine auf beste Weise weiterzukochen. Ein kurzes Intermezzo im eigenen Restaurant in Düsseldorf schließt diese kulinarische Reise ab.

Mit Kochbüchern, TV-Auftritten, Events, Live-Moderationen und Produktpräsentationen stellt sie zurzeit allen Interessierten ihr umfangreiches Wissen zur Verfügung.

Dank

Ganz herzlichen Dank an Anne Fleck für die erfolgreiche Zusammenarbeit in den vergangenen Jahren! Und natürlich für dieses neue Buch, das die gemeinsame Bestseller-Serie rund um die gesunde und schlanke Küche als praktisches Rezeptbuch wunderbar ergänzt. Wir danken Su Vössing für die vielen großartigen Rezepte, die sich bereits als Lieblinge bewährt haben. Und wir danken Bettina Matthaei für die neuen, besonders schmackhaften und gesunden Rezeptkreationen. Für die perfekte Food-Fotografie gilt unser Dank Hubertus Schüler, für das Foodstyling Stefan Mungenast und für die Fotoassistenz Benedikt Obermeier. Vielen Dank einmal mehr an Doreen Köstler für ihren unermüdlichen Einsatz im Lektorat. Şebnem Yavuz gilt ein großes Dankeschön für das nicht zu unterschätzende Fachlektorat der Rezepte für dieses Buch und Philine Anastasopoulos sagen wir Danke für die Nährwertberechnung und -prüfung.

Last, but not least: Danke an Anne Krause für das Gestaltungskonzept dieses Buches und Danke an Caroline Mohr für Layout und Buchsatz. Danke an Ellen Schlüter für die Bildbearbeitung und Lithografie. Danke an Valerie Mayer für die Koordination des Fachlektorats. Danke an Katerina Stegemann und Annika Steinacker für ihren Einsatz rund um Marketing, Öffentlichkeitsarbeit und Vertrieb zu diesem Buch.

Wo bekomme ich die im Buch verwendeten Produkte am besten?

Folgende Zutaten finden Sie in den meisten gut sortierten **Supermärkten,** in **Reformhäusern, Biomärkten** oder **online:** Low-Carb-Mandelmehl, gemahlene Flohsamenschalen, Chiasamen, Kokosblütensirup, Erythrit, Buchweizenmehl, schwarze und rote Quinoa, Tahini, weißes Mandelmus und scharfes Ajvar (Paprikapaste).

In **Asiamärkten** oder **online** finden Sie glutenfreie Wasabipaste, weiße Misopaste, grüne und rote Thai-Currypasten, Reispapier, geröstetes Sesamöl und Tamari (glutenfreie Sojasoße).

Unsere Leseempfehlung

224 Seiten

Abnehmen kann so einfach sein: Mit »Schlank! für Berufstätige« können Sie jetzt ganz unkompliziert Fettpolster loswerden, Ihren Darm sanieren und alle wichtigen Nährstoffdepots im Körper auffüllen. Alle Rezepte verfügen über eine optimale Nährstoffzusammensetzung und sind besonders für den Alltag von Berufstätigen geeignet. Die Doc Fleck Methode, die nicht nur entzündliche Prozesse im Körper deutlich senkt, sondern die Kalorienaufnahme über ein neu aufgebautes Darmmilieu langfristig reduziert, wird in einem einführenden Theorieteil noch einmal anschaulich zusammengefasst und um praktische Tipps für den beruflichen Alltag ergänzt.

208 Seiten

Kochen sollte Spaß machen und unkompliziert sein. Davon ist die bekannte Ernährungsmedizinerin Anne Fleck überzeugt. Deshalb orientiert sie sich in Die 70 einfachsten Gesund-Rezepte ohne rigide Dogmen am Stand der Wissenschaft, gibt Einkaufstipps und informiert über Etiketten sowie Zusatzstoffe. Ihr Ziel: einen einfachen Ausweg aus dem Dschungel der kursierenden Ernährungs-Hypes aufzeigen und mit der Freude am gesunden Essen anstecken. Gemeinsam mit der Spitzenköchin Su Vössing entwickelte sie dafür 70 Rezepte, die einfach, aber ausgeklügelt sind und ganz ohne komplizierte Nährstofftabellen auskommen.

goldmann-verlag.de

GOLDMANN